TEATRO

EDICIONES ANTÍGONA

© Ana Alvarado, Ana Fernández Valbuena, Jana Pacheco, Dave Aidan, Roberto Bezos, Samanta G. Marinkovic, Sara González Marín, 2024

© *III Volumen de dramaturgia contemporánea para títeres y teatro de objetos*, Adolfo Simón, 2024

© Para todos los países en lengua española:
Ediciones Antígona, S. L.
C/ Prim 15, local. 28004 (Madrid)
Tel: 91.119.17.32 / 640.631.054
info@edicionesantigona.com
www.edicionesantigona.com

Primera edición, 2024

Directora de la colección: Conchita Piña
Diseño de cubiertas: IJdesign sobre una imagen de dogfella
Director editorial: Isaac Juncos Cianca

Impreso en España / Printed in Spain

ISBN: 978-84-10060-16-6
Depósito legal: M-20152-2024

Dramaturgia contemporánea para títeres y teatro de objetos III

Ana Alvarado

Ana Fernández Valbuena

Jana Pacheco

Dave Aidan

Roberto Bezos

Samanta G. Marinkovic

Sara González Marín

Índice

III VOLUMEN DE *DRAMATURGIA*
CONTEMPORÁNEA PARA TÍTERES
Y TEATRO DE OBJETOS

DIEZ AÑOS EN EL CIEN

Este año 2024 se celebra el Centenario del nacimiento de Francisco Nieva y desde el Centro Dramático Rural se ha convocado el Décimo Certamen que lleva su nombre con la complicidad del Ayuntamiento de Mira (Cuenca), Ediciones Antígona y Fundación Autor.

Aprovechando este III Volumen que contendrá los textos premiados en la anterior convocatoria junto a tres piezas sugeridas por el jurado para su publicación, también, hemos iniciado la invitación a un autor o autora de referencia internacional en el teatro de títeres y objetos para que escriba un texto breve, completando así el contenido de este volumen con una serie de propuestas que estimulen la lectura y la puesta en escena.

Los textos premiados en la IX Convocatoria sorprendieron por su calidad e innovación. De nuevo llegó un nutrido grupo de propuestas entre las que fue difícil seleccionar a los ganadores.

Peste de títeres de Ana Fernández Valbuena se alzó con el Primer Premio. Un texto que bebe de la tradición para conectar su contenido y forma con la contemporaneidad.

El Segundo Premio *ex aequo* fue concedido a los textos: *Pertenencias* de Jana Pacheco y *D.U.D.O.* de Dave Aidan. En ambas obras se destacó la originalidad para el tratamiento dramatúrgico de los objetos y las atmósferas espaciales.

El jurado sugirió también la publicación de tres textos: *El arcón* de Roberto Bezos, *Quebranto* de Samanta G. Marinkovic y *El Olivo* de Sara González Marín.

Y abriendo la publicación, encontraremos el texto *El regreso* de Ana Alvarado, prestigiosa profesional argentina de larga trayectoria en la creación y docencia del teatro de títeres y objetos. Una pieza de gran riqueza plástica y poética.

Cuando este volumen vea la luz, ya sabremos los premiados del X Certamen Francisco Nieva de textos breves para títeres y teatro de objetos, deseando ya que formen parte de esta exquisita colección en el IV Volumen que verá la luz el 2025.

Adolfo Simón
Director del Centro Dramático Rural de Mira
https://centrodramaticorural.es/

El regreso

Ana Alvarado

Obra teatral para las infancias y la juventud. Se propone montarla en un lenguaje multidisciplinar: actuación, teatro de sombras, danza, títeres y video, pero, por supuesto, son sólo sugerencias de la autora.

Dramatis personae

ANATOLIA, actriz joven
SIMÓN, actor joven
AINOHA, actriz-titiritera
TITIRITERO, tal cual su nombre lo indica
TÍTERES: MADRE DE SIMÓN, AINOHA,
MADRE, PADRE, RATITA, LECHUZA,
PERRO CALLEJERO, LICÁNTROPO Y OSO

ACTO I

En proscenio cuatro sillas, van entrando
ANATOLIA, AINOHA *y* TITIRITERO. *Se sien-*
tan. Queda una silla vacía.

ANATOLIA.— Hola, soy Anatolia, hoy nos
citamos acá porque queremos contarles
nuestra historia y ver qué podemos hacer.
¿Con qué? Ya veremos… ¿Empezarías vos
Simón?

Hace señas hacia fuera del escenario hasta
que logra que SIMÓN *entre y tome asiento a*
su lado. SIMÓN *es tímido y tiende a acurru-*
carse en el asiento, pero, cuando se emociona
mucho, despliega sus brazos como si fueran
alas y también sus verdaderas alas que son
mecánicas y las tiene adheridas a la espalda.
Un gesto atento de ave de presa aparece en su
mirada.

SIMÓN.— Yo tengo alas de verdad. Las
tengo casi desde que nací. Mi mamá pedía
monedas en la calle, estaba muy ocupada
siempre buscando comida y un lugar
donde dormir. Éramos muy pobres. *(Gira y*
despliega suavemente las alas que tiene en su
espalda y las muestra.) Tardó bastante en
darse cuenta de que yo en la espalda tenía

unas alitas incipientes. Cuando las descubrió, primero se asustó, pero luego… tuvo algunas buenas ideas. *(Saca un títere de su mochila y la manipula representando a su* MADRE.) Cuando veía a alguien triste pasar por la calle, les decía:

MADRE. — ¿Quiere ver un ángel señora o señor?

SIMÓN. — La mayoría seguía de largo y se burlaban o me acariciaban la carita, pero algunos y algunas se interesaban.

MADRE. — Si ponen unas monedas o un billetito en la ranura van a ver la vida color de rosa, decía el poeta, pero yo les aseguro que será algo único y maravilloso que va a cambiar para siempre sus vidas.

SIMÓN. — Yo me giraba, ella me sacaba la camisa suavemente, despacito iban apareciendo mis alas, mientras yo cantaba y giraba, como ahora, dulcemente.

SIMÓN gira en continuo, baila, mueve sus alas y canta dulcemente. ANATOLIA *manipula una luz que hace ver enormes a las sombras de sus alas que se proyectan en la pared.*

SIMÓN. — Quedaban en éxtasis, pero si no lo

hacían y se ponían molestos o querían tocar mis alas y ver si eran verdaderas… yo giraba mi cabeza, tensaba mis alas y me veían exactamente como soy.

SIMÓN se mueve como cayendo en picada desde la altura y Anatolia le agrega una máscara con pico de águila. En la sombra se construye claramente, el cuerpo del ave.

SIMÓN. — «No es un ángel, es un águila», gritaban y salían corriendo, pero sin olvidarse de dejar monedas, por las dudas me enojara. A mamá un día la detuvo la policía, escuchó la sirena del móvil y cuando los vio avanzar me gritó:

MADRE. — ¡Corre, vuela, no te quedes sentado acá, si te llevan te van a cortar las alas!Eso hice, hace uno días ella me cruzó en la calle, *(Señala a* ANATOLIA.*)* me dio esta dirección y me dijo: «Ven. No estás solo. Tenemos que hacer algo» y acá estoy.

ANATOLIA. — Claro que sí, Simón, tenemos que hacer algo. Te toca a vos Ainoha.

SIMÓN y ANATOLIA vuelven a sus sillas, AINOHA y TITIRITERO salen tomados de la mano y vuelven arrastrando un teatrino de títeres. AINOHA, es una tímida belleza no binaria con perfectas orejitas de lobo. Cuando gira, vemos su hermosa cola de lobo. Arma su espacio con TITIRITERO *que también tiene cola lobuna y empieza la función.*

AINOHA.— Me cuesta contar mi historia, pero no tanto si lo hago con títeres, espero que les guste a todas, todos y todes. La obra se llama *Ainoha, la luna y el hombre lobo*, pero no se asusten mucho.

ANATOLIA y SIMÓN *se acomodan en el piso para ver lo que ocurre en el teatrino. Aparece un cartel con el título escrito.*

AINOHA, *la* LUNA *y el* HOMBRE LOBO

ESCENA 1

Aparece AINOHA TÍTERE, *con un bello vestidito rosa y una corona de flores, se mira en el espejo, baila y canta moviendo su larga cola, frente a su ventana.*

MAMÁ.— *(Se la escucha solamente.)* ¡La cena está lista! ¡Ven a comer querido!

AINOHA TÍTERE *se apura a sacarse el vestido, la corona y oculta su cola peluda. Su aspecto es el de un niño.*

15

ESCENA 2

MAMÁ, PAPÁ y AINOHA, *cenando. AINOHA se apura a tomar la sopa y hace ruido. El PADRE se fastidia cada vez que se escuchan fuerte los ruidos y sorbidos, AINOHA baja el sonido tímidamente, pero al rato vuelve a producirse la situación. Esto pasa tres veces*

PAPÁ. — ¡Basta! ¡Termina esa sopa de una vez!

AINOHA *absorbe sorbe, haciendo mucho ruido, su último resto de sopa y se aleja despacio y elegantemente moviendo la cola.*

MAMÁ. — Me preocupa, está muy extraño y viste que tiene algo en la parte trasera del cuerpo, se ve cuando camina, lo mueve…

PAPÁ. — Sí, veo que mueve la cola, cada vez mueve más la cola, parece una modelo.

MAMÁ. — No me refiero a eso… le asoman unos pelos de animal.

PAPÁ. — Menos mal que le salen pelos, preocúpate cuando se los afeite.

ESCENA 3

AINOHA *en su dormitorio, nuevamente con vestido y corona de flores. La luna crece hasta ocupar toda la ventana.* AINOHA *fascinada atraviesa la ventana cantando y la sigue. Su sombra de loba se refleja en la luna mientras camina en la noche. Los animales nocturnos la cruzan y saludan.*

LECHUZA. — Hola, Ainoha. ¡Qué linda que estás!

AINOHA. — Gracias, amiga.

PERRO CALLEJERO. — Hola, Ainoha. ¡Qué hermosa es tu cola peluda!

AINOHA. — Gracias amigo.

RATITA. — Hola, Ainoha *(Mira para todos lados.)* Ten cuidado que anda el Licántropo.

AINOHA. — ¿Y ese quién es?

La RATITA *huye sin contestar. Se proyecta en la luna la sombra gigante de un hombre lobo.*

LICÁNTROPO. — *(Entrando a escena, revoleando a la* RATITA *de la cola.)* Yo. Un miembro de la comunidad humana que los días de luna llena se convierte en lobo, igual que vos.

Deja amablemente a la Ratita *en el piso y se ríe.* Ratita *huye rápida.*

Ainoha. — Yo esta cola y estas orejas, las tengo siempre, pero las oculto.

Licántropo. — Jaja. Claro, por supuesto. Todas y todos hacemos eso, pero cuando la luna se llena, salimos y… todo, por fin, está permitido. Nos tienen miedo y nos dejan en paz. Y, sobre todo, podemos encontrarnos entre nosotros y nosotras y… conocernos.

El Licántropo *se acerca afectuosa y lentamente a* Ainoha. Perro Callejero *interrumpe.*

Perro callejero. — ¡Ah sí! ¿Y ustedes no comían ovejas acaso?

Licántropo. — Eso era en tiempos de mi bisabuelo. Hace mucho que somos vegetarianos, yo incluso soy vegano. Pero no se lo cuente a nadie, por favor.

Se acerca nuevamente a Ainoha *con gesto amoroso. Ella se asusta y sale corriendo.*

Licántropo. — *(Dirigiéndose al* Perro *mientras come una zanahoria mirando irse a* Ainoha.*)* ¡Qué pena! Los tiempos cambiaron, amigo, pero todavía hay miedo y prejuicio.

ESCENA 4

AINOHA *entra corriendo asustada a su casa, vestida con sus tules y corona y con su cola peluda al aire. Sus padres están a la mesa.*

PAPÁ.— Siéntate. ¿Dónde estuviste?

AINOHA.— Seguí a la luna y me encontré con la lechuza, el perro, la ratita y el licántropo.

MAMÁ.— ¡Te dije que me preocupaba esa cola!

PAPÁ.— Cállate. ¿Y ese quién es?

AINOHA.— Un hombre lobo, grande, amable y… hermoso.

PAPÁ.— Vaya a su habitación. Mi hijo no llama hermoso a otro hombre.

El PADRE le señala con un dedo la habitación. AINOHA se aleja y se encierra cabizbaja.

MAMÁ.— ¡Un hombre no, un hombre lobo, dijo!

19

ESCENA 5

Los días y las noches pasan por la ventana de AINOHA, *pero ella está triste y no se mueve de su cama. Bandejas de comida se apilan al lado de su cama.*

MAMÁ. — Querido, comé algo

AINOHA. — Decime querida, mamá, querida.

MAMÁ. — Está bien, querida, pero que no nos escuche tu padre.

AINOHA. — No voy a comer nada, mamá hasta que cambie la luna.

Esta escena se repite tres veces en forma idéntica.

AINOHA. — *(Para sí, cuando se va la madre después de la última repetición.)* Mañana es viernes y cambia la luna.

ESCENA 6

La luna avanza inmensa hacia la ventana de AINOHA. *Ella está muy bonita. Le ha crecido la melena larga, tiene su corona de flores y su hermoso vestido. Va hacia la ventana e intenta*

*abrirla, pero no puede, corre hacia la puerta
de su habitación, pero está cerrada. Se deses-
pera, llora. Se ve al* LICÁNTROPO *pasar por
su ventana.*

ESCENA 7

*Esta escena se ve en sombras, en el teatrino.
La sombra gigante del* LICÁNTROPO *amenaza
ridículamente con su garra al padre de*
AINOHA. *Los padres salen presurosos de
escena.* AINOHA *escapa de su pieza y se abra-
za con el* LICÁNTROPO. *Con la luna como
fondo se ve el abrazo y el inicio de su viaje.*

ESCENA 8

RATITA. — Adiós, Ainoha, se te ve muy linda.

LECHUZA. — Que sean muy felices.

PERRO CALLEJERO. — Lo de comer perdices
tampoco se usa más.

MAMÁ. — Adiós, hijita

Le pega un codazo a PADRE *que saluda también con la mano.
Se cierra el telón del teatrino.*

21

Ainoha.— Está un poco exagerada mi historia, pero esto es teatro. ¿Verdad? El otro día el *(Señala a* Simón.*)* se nos acercó en la calle y nos dijo: «Vengan, tenemos que juntarnos. Hay que hacer algo», Y acá estamos.

Anatolia.— *(Parándose.)* Ahora me toca a mí, pero voy a necesitar ayuda con las luces.

> *Salen* Ainoha *y* Titiritero *que van a colaborar con* Anatolia. Simón *se ubica para mirar como público. Mientras la actriz monologa a público, se proyecta la sombra de un pequeño jaguar que acciona en diálogo con el texto. Los movimientos de* Anatolia, *reproduciendo los de su sombra, son de una leve gestualidad felina.*

Anatolia.— Cuando era chiquita yo proyectaba la sombra de un jaguar. Sí eso que se muestran ahí. Un día estaba corriendo y de golpe miré la pared del patio y me quedé petrificada. Acababa de ver la sombra de un pequeño jaguar en la pared. Me quedé muy quieta y la sombra también. Luego intenté lentos movimientos hacia la puerta de mi casa, tratando de percibir los sonidos del jaguar original. Nada. Era un jaguar chistoso. Si yo le hacía el pito catalán la sombra lo repetía y cuando yo avanzaba hacia la puerta, la sombra también se movía conmigo, aunque mucho más suave y elegantemente, alargando sus patas y cuidando de no adelantarse. Jugábamos a distintas horas del día a que mi jaguar me perseguía, a acurrucarnos y desaparecer, yo trataba de pisar a mi sombra, descubría lo graciosa que era muy estirada y actuábamos como dos fieras que atacan en la noche y gruñen pavorosamente.

La pantalla se apaga y ANATOLIA *continúa el relato en proscenio.*

ANATOLIA.— Mis padres quisieron extirparla y nos entristecieron mucho. En la escuela debía tener mucho cuidado y ubicarme de manera de no generar sombra, por la estampida y alarma que se producía si la veían.
Cuando era adolescente alguien me susurró al oído en la calle: «No estás sola, somos muchas» y me dieron una dirección. Fui. Paredón suburbano, patio descampado, una fábrica abandonada. Caminaba un poco asustada, escuchando el ruido de mis taquitos sobre la vereda. Mi sombra se alargaba y se adelantaba para vigilar los posibles peligros, de pronto vimos los faros de un auto estacionado. Sonaba música poderosa. Gente bailando.

La escena vuelve a la pantalla y al teatro de sombras que muestra el baile.

ANATOLIA.— No podía ver a quienes bailaban porque los faros me encandilaban, pero sobre el paredón se veían sus increíbles sombras: de águila, de lobo, de jabalí. Bailaban formando extrañas formas junto a sus sombras. Nos sumamos alegres. Yo bailaba cerca de una chica-loba y le pregunté a los gritos: «¿Por qué nadie tiene sombra de conejito o de caniche?». Y la chica me contestó también gritando: «Porque necesitamos más fuerza, aprender de los animales a defendernos con garras y dientes, eso me dijo mi abuela...». Alguien gritó: «¡Corran!». Se escuchó una sirena. Los faros se apagaron, la música también y salimos corriendo. Por el paredón se veía escapar a las extrañas sombras de animales salvajes.

Finaliza la escena del baile en teatro de sombras.

ANATOLIA.— Cuando alguien me molesta en la calle o desde un auto, mi sombra y yo enfurecemos, rugimos y pegamos unos zarpazos. Nos reímos a carcajadas de las caras de susto que ponen.
Y así sigue mi vida con mi cuerpo de mujer y mi fuerza de jaguar y, a veces, me cruzo en la calle con otra u otro que me saluda sonriente, mostrando sus colmillos o jugueteando con sus garritas.

Hace unos días alguien pasó cerca mío y me susurró: «Tenemos que juntarnos, hay que hacer algo con estos tiempos oscuros».

ACTO 2

*ANATOLIA, SIMÓN, AINOHA y TITIRITERO se
sientan en las sillas y manipulan a la RATITA,
la LECHUZA y el PERRO CALLEJERO. Por detrás
de ellos y ellas se proyectan sus sombras de
persona/animal: jaguar, águila, jabalí, dos
lobos como en una foto familiar y a medida
que avanza el texto de ANATOLIA se van
sumando otras sombras de personas/animal.*

ANATOLIA. — Bueno… nos encontramos aquí
y decidimos hacer algo, volver, emprender el
regreso, retornar. Nos volveremos a la selva, a
la montaña y al bosque. No llevaremos nada
superfluo, sólo lo imprescindible. Somos personas, pero también animales. Empezaremos
de nuevo. Aprendimos mucho y esperamos
no repetir los errores cometidos por los
humanos con las otras especies.

*Entra un TÍTERE OSO grande y camina por el
proscenio mirando alternativamente al público
y a la escena.*

OSO. — Claro, claro, como si fuera tan fácil.
*(Se gira sobre sí mismo y gruñe furiosamente
mirando a ANATOLIA que se asusta.)* Jajaja.
¿Ves? ¿Cuánto vas a tardar en fabricar un
arma y matarme?

ANATOLIA.— No. No. Vamos a respetar a todas y todos, y a la convención de los derechos de los animales, incluidos los animales humanos.

OSO.— Y… ¿las osas y los osos firmamos ese acuerdo? No lo recuerdo. Y si el águila tiene cría y se lleva a la ratita para alimentar a su cría… ¿Qué van a hacer?

RATITA.— ¡Otra vez se meten conmigo! ¡Métanse con los de su tamaño! A mí la idea me gusta.

PERRO CALLEJERO.— A mí también. Muchos humanos son cariñosos y nos cuidan del hambre y el frío, sólo hay que enseñarles a vivir felices sin tener que acumular tantas cosas.

OSO.— Y sin que tiren abajo todos los árboles en los que yo me trepo o se lleven toda la miel y la vendan carísima.

LECHUZA.— A mí también me gusta, va a haber que protegerlos mucho de los humanos, me parece.

AINOHA.— Vamos a aprender a convivir, será largo pero bello, sabemos adaptarnos y superar dificultades. No nos fue fácil en la comunidad humana. Ahora tenemos que demostrar que nuestras mutaciones son un misterio maravilloso, una señal para iniciar una nueva relación con el mundo natural. Y ustedes… queridísimo público... Si vinieron hasta acá… es porque alguien les dio una invitación. ¿Qué opinan? ¿Se suman? ¿Sí o no?

Sobre la posible respuesta del público cae una pantalla en la que se proyecta un making off *o trailer filmado al aire libre, en un bosque o espacio que lo sugiera, en el que los personajes instalan su comunidad, mientras se escucha el último movimiento de la suite musical* El Carnaval de los animales *de Camille Saint Saéns.*

Final.

NOTA: *Este final puede ser creado a gusto de cada directora o director, pero esta autora sugiere un poquito de peripecias y humor. Por ejemplo:*

Anatolia arma con torpeza su carpa, mientras la lechuza hace su nido en forma simple y práctica.

El oso quiere meterse en la carpa de Anatolia y la desarma.

El perro, Ainoha y el Titiritero se revuelcan por el piso como cachorros.

Un gatito ve a la ratita y se acerca para cazarla, pero cuando va a hacerlo ve proyectada la sombra de jaguar de Anatolia en la pared de su carpa, se asusta y sale corriendo.

Simón practica largarse a volar desde una roca pequeña, pero le cuesta un par de golpes. Finalmente lo logra con la ayuda de un pequeñísimo gorrión.

Etcétera.

Peste de títeres

Pieza breve para títeres de guante, siluetas de cartón parlantes y un colofón de cabezudos

Ana Fernández Valbuena

1. El carro de Hellequin

Desde algún lugar en epidemia, la Titiritera *canta.*

Titiritera. — *Stella coeli extirpavit,*
quae lactavit Dominum,
mortis pestem quam plantavit
primus pares hominum.
Ipsa stella nunc dignetur
sidera compescere,
quorum bella plebem caedunt
dirae mortis ulcere.

O piissima stella maris,
a peste succurre nobis
Audi nos, Domina,
nam Filius tuus
nihil negans te honorat.

Salva nos Jesu, pro quibus
Virgo mater te orat.[1]

El Titiritero, *delante de su retablillo.*

Titiritero. — Damas y caballeros ¡ha llegado el titiritero que aleja las pestes! ¡Fuera pestes!

Lanza fuego por su boca y ruge con espanto.
El público se congrega.

Titiritera. — Para las fiebres: jarrillo de agua con miel y limón de la Virgen de la Peste. Para las fiebres…

Titiritero. — ¡Fuera pestes!

Lanza fuego de nuevo
Aplausos en la plaza.

Titiritera. — ¡Agua con miel y limón! A dos centavos. La de la Virgen de la Peste.

---

[1] «La Estrella del Cielo que amamantó al Señor ha extirpado la peste mortal que el progenitor de los hombres trajo al mundo. Que la misma Estrella se digne ahora rogar a los astros, cuyas guerras afligen al pueblo con la plaga de la muerte cruel. Clementísima Estrella del mar, socórrenos contra la peste. Escúchanos, oh, Señora, pues tu Hijo te honra y nada te niega. Jesús, sálvanos, pues la Virgen te ruega por nosotros». Antigua oración mariana contra la peste; fuente (https://acortar.link/ufQVGW).

Reparte de su jarrillo milagroso.

TITIRITERO. — En este domingo de Cuaresma, para todos ustedes, se representa la horrible fábula del Diablo Coloaro ¡Hellequin! Que arrastra por los caminos su carro de los muertos. Los muertos de peste…

Saliendo de uno de sus brazos, el títere HELLEQUIN *se eleva al borde del retablo con una cachiporra y vestido todo de rojo.*
La TITIRITERA *se esconde tras el retablillo.*

VOZ DEL TITIRITERO COMO HELLEQUIN. — ¡Huuu! Soy el caballero Hellequin y llevo mi carreta llenita de muertos.

Por el fondo del retablo desfila la silueta de un carro en cartón, portador de un ejército de demonios negros y malencarados enterradores.

HELLEQUIN. — ¿Quién va a subir hoy a él? ¡Huuu!

Otro brazo se asoma por el lateral opuesto del retablo.

VOZ DE LA TITIRITERA COMO POBRE MUJER. — ¡Ayuda, hermanos, ayuda!

HELLEQUIN. — Ven a engrosar las huestes de mi ejército de muertos, mala mujer.

Pobre mujer. — ¡Que el Diablo Colorao me lleva!

Hellequin. — ¡Al carro!

El público. — ¡Noo! ¡No te la lleves!

Hellequin *propina un cachiporrazo a la pobre mujer y la tumba.*

Pobre mujer. — *(Se levanta.)* ¡Al carro no!

El público. — ¡Noo! ¡Al carro no!

Pobre mujer. — ¡Que aún no soy muerta!

Hellequin. — Eso decís todas en vuestra agonía. ¡Al carro, alma en pena! (*La golpea de nuevo*).

Pobre mujer. — ¡Ay, ay!

Hellequin. — ¡Muere de una vez!

Pobre mujer. — ¡Que el Diablo Colorao me lleva y no soy muerta!

Hellequin *ríe sonoramente.*
La silueta de su carro desaparece, arrastrando con él a la Pobre Mujer.
Aplausos y protestas del público a partes iguales.

Por el fondo del retablo, aparece otra silueta articulada en cartón: tres vistosas cortesanas que mueven sus torneadas piernas sin cesar.

UNA CORTESANA.— ¿Dónde va tan apriesa el Señor Diablo?

HELLEQUIN, *aún al borde del retablo.*

HELLEQUIN.— ¿Eh? ¿Quiénes sois, débiles criaturas?

OTRA CORTESANA.— Flora, Fauna y Primavera. ¿No te digo?

Ríen las tres, descaradas, con su mucho pierneo.

HELLEQUIN.— *(Ríe también.)* Bellas y crueles, alejaos del carro de la muerte, que andáis muy vivas y yo he de seguir mi siniestra ruta.

LA OTRA.— ¿Muertos buscas? Si está esto llenito: mira, mira.

UNO DEL PÚBLICO.— ¡De eso nada!

UNA CORTESANA.— No quisieron tomar el remedio del agua de limón y, claro…

OTRO DEL PÚBLICO.— ¡Estamos vivitos y coleando!

35

Otra Cortesana. — ¡A callar! Que la peste no perdona a ricos ni a pobres.

Una cortesana. — ¿No quieres llevártelos a todos, diablo Colorao?

La Otra cortesana. — Rebosa el barrio de muertitos, llévatelos, por favor.

Pobre mujer. — (*Elevándose de nuevo con dificultad, desde el fondo del retablo.*) ¡Hermanas, ayuda!

Hellequin. — ¡Al carro he dicho! (*Otro cachiporrazo.*)

Una cortesana. — Venga por aquí, señor diablo, por aquí. Ya verá qué botín de cadáveres.

Hellequin. — ¿Por dónde?

Las Cortesanas *lo atraen con una especie de canción de corro, moviendo sus piernas articuladas al compás.*

Cortesanas. — *Diablo Colorao,*
       diablo cachondo,
       entra en el burdel
       y verás cómo te pongo.

       Y, ahora, dinos
       ¿quién eres tú?

¿Eres Satanás?
¿Eres Belcebú?

Diablo Colorao,
diablo cachondo,
entra, entra.
¡Entra en el burdel
y verás cómo te pongo!

Las tres CORTESANAS *logran empujar a* HELLEQUIN, *que cae dentro del retablo, y queda patas arriba. Le propinan unos azotes.*

UNA CORTESANA.— Esto, por el pestazo a azufre. ¡Toma y toma!

Las piernas de HELLEQUIN *se sacuden.*

OTRA.— Esto, por pegar a las pobres mujeres.

LA OTRA.— Y por tratar a las vivas, como si fueran muertas.

Las piernas se sacuden más.
Se escucha aplaudir al público.

UNA CORTESANA.— ¡Que se vaya al diablo!

Ríen todos. Corean.

CORTESANAS y PÚBLICO.— ¡Que se vaya, que se vaya!

37

Han dejado a Hellequin *deshecho, con la cabeza colgando por el borde del retablillo.*

Una cortesana. — No hay moros en la costa: ya podéis salir, señor.

Asoma, lentamente, la mitra de un obispo. Bajo ella, el obispo termina de salir, arrebata su cachiporra al sumido Hellequin *y le da el golpe de gracia.*

Voz del Titiritero como El Obispo. — Eres libre, ¡hija mía!

Cortesanas. — ¡Bravo, padre!

Pobre mujer. — *(Levantándose desde el fondo.)* ¡Señor obispo! *(Se inclina respetuosa.)* Vuestra intercesión me ha salvado.

El público. — ¡Bravo! ¡Bravo!

Pobre mujer. — Pero ¿cómo usted... por aquí?

El Obispo. — Purificándome, hija. Purificándome.

Pobre mujer. — Pues si ya está bien purifica-dito ¿podría bendecirme, para que no me lleve de nuevo el diablo Colorao?

El Obispo. — *Ego te absolvo.* Digo, no. *Benedicat tibi dominus...* (*Hace sumariamente la señal de la*

cruz sobre las cuatro mujeres.) Quedáis bende-
cidas todas.

POBRE MUJER. — Dios se lo pague, señor obispo.

EL OBISPO. — Y, para que el diablo no os lleve a
ninguna, ¡os mando a todas al convento!

CORTESANAS. — ¿Al convento?

EL PÚBLICO. — ¡Al convento, al convento!

EL OBISPO. — Allí os enseñarán un oficio
decente. A ver, ¿qué queréis ser de mayores?

UNA CORTESANA. — Yo madama.

EL OBISPO. — Alma descarriada. ¿Y tú?

OTRA. — Enfermera.

POBRE MUJER. — Pues yo ferianta. Que me
gusta ir y venir por esos andurriales.

UNA CORTESANA. — Ea, pues nos vamos de
feria, entonces.

EL OBISPO. — Al convento he dicho. Y que
Dios os guarde.

LA OTRA. — No tarde entonces en venir a
visitarnos, señor obispo.

El Obispo. — No tardaré...

Sale.
Salen las cuatro cantando «Diablo Colorao/
Diablo cachondo,/ entra en el convento…».
Aplausos en la plaza.

Titiritero. — Damas y caballeros, una moneda para el titiritero.

Titiritera. — Para las fiebres, jarrillo de agua con miel y limón. ¡Agua con miel y limón! ¡De la Virgen de la Peste!

Titiritero. — Una moneda… Muy honrado, señora.

Titiritera. — Para las fiebres… de la Virgen.

Titiritero. — Muy honrado, señor… Dame un sorbito, que estoy destemplao.

Ella sirve y regresa tras el retablo.
Él bebe.
El Público se desvanece.
El Titiritero se queda dormido a los pies del retablillo.

2. SUEÑO VIRGINAL Y CANÍBAL

Dormido todavía, el TITIRITERO *tiembla.*
Aparece en el retablo la silueta articulada de
las tres CORTESANAS, *que se reconocen en los*
andares, aunque visten manto negro y bau-
tas de largos picos sobre el rostro.
Como aquellos médicos de la peste…
Murmuran joviales, por dentro de sus más-
caras.

UNA CORTESANA.— Chica, un poco más y no
me dejan entrar.

OTRA.— ¿Y eso?

UNA CORTESANA.— No encontraba mascarilla.

LA OTRA.— Menos mal que yo tenía una de
retén.

OTRA.— ¿De dónde la has sacado, si no te
las dan ni en las farmacias?

LA OTRA.— Un regalito de Marco Polo. De
su último vuelo a China.

UNA CORTESANA.— Qué buenos clientes tienes siempre, hay que ver.

OTRA.— Pero ¿está volando en plena peste?

La otra.— Vuelos de mercancías solamente.

Una cortesana.— A lo que vamos: ¿quién es el paciente hoy? *(Se asoma desde el borde del retablillo.)*

Otra.— Aquí el listo.

> *El* Titiritero *se ha despertado y las mira desde abajo, inmóvil. Querría hablar, pero las palabras apenas salen de su boca. Murmura.*

Titiritero.— Agua… por caridad.

> *Las tres se inclinan sobre él, desde el borde.*

Una cortesana.— Mala cara tiene, desde luego.

Titiritero.— ¿Quiénes sois?

Otra.— ¡Levanta el brazo, a ver cómo vamos de bubones!

La otra.— Venga, guapetón, que tenemos que diagnosticarte y hay mucho apestao por los caminos.

> *El* Titiritero *levanta su brazo con gran esfuerzo.*

Una cortesana.— Uy, uy, uy.

OTRA.— Cuajaíto. Ni lo ingresamos.

UNA CORTESANA.— Este no pasa la noche.

LA OTRA.— Morfina y a avisar a la familia.

El TITIRITERO *logra incorporarse y bebe de su jarrillo.*

OTRA.— A mí me suena su cara. ¿No es usted…?

TITIRITERO.— Soy… *(Saca el títere con su mano derecha y revive de repente.)* ¡el caballero Hellequin!

LAS CORTESANAS.— ¡Nooo!

LA OTRA.— Otra vez el pelmazo este.

OTRA.— Lo sabía. A mí no se me olvida una cara.

UNA CORTESANA.— Con lo bien que íbamos con nuestra rehabilitación.

OTRA.— Y la buena labor que han hecho las monjas. Que al César lo que es del César.

LA OTRA.— ¿Pero es que vamos a tener que volver a las andadas?

TITIRITERO.— *(Aún delante del retablillo, se yergue del todo con el títere en la mano.) Vita nostra brevis est, breve finietur. / Venit mors velociter, rapit nos atrociter, / nemini parcetur.*[2]

OTRA.— Tanto latín, tanto *memento moris*, carretero plomazo.

LA OTRA.— A cerrar el pico, ¡hombre!

UNA CORTESANA.— A por él, ¡*meretrices honestae*!

> *Sacan de un lateral una cruz enorme que espanta a* HELLEQUIN.
> *Combaten contra él hasta reducirlo a golpe de cruz.*

UNA CORTESANA.— Anda y que no te veamos más por aquí. Peste de diablo.

OTRA.— Mueran los diablos.

LAS TRES.— ¡Mueran!

LA OTRA.— Muera la tristeza.

---

[2] «Nuestra vida es corta, / en breve se acaba. / Viene la muerte velozmente, / nos arrastra cruelmente, / no respeta a nadie». Fragmentos de *Gaudeamus igitur*.

LAS TRES. — ¡Muera!

UNA CORTESANA. — Abajo las pestes.

Lo defenestran retablo abajo, junto con la cruz.

OTRA. — Y a la porra la protección también.

Se desprenden de las bautas y el manto, tarareando música sensual, como en un estriptís de tres al cuarto.
Tiran las prendas retablo abajo del mismo modo.
Por dentro van vestidas como siempre, de fulanas «fantasía».

OTRA. — Qué alivio, chicas.

LA OTRA. — Dónde va a parar.

Aparición repentina en el retablo: magnífica y enorme, cubierta con un manto reluciente, emerge la figura de la VIRGEN DE LA PESTE.
Lo sabemos porque la acompaña un rollizo querubín con un cartel donde reza «Virgen de la peste».
Tiene la mismita cara de Díaz Ayuso: la Virgen.

UNA CORTESANA. — ¡La Virgen!

OTRA.— Qué clase.

UNA CORTESANA.— Y poderío.

LA OTRA.— Mira qué manto me lleva, mira, mira.

LA VIRGEN *propina disimuladamente un golpecito al querubín para que no le robe plano.* EL QUERUBÍN *se defenestra retablo abajo.*

LA OTRA.— Este retablo es un pozo sin fondo.

UNA CORTESANA.— Hay que ver lo que cae, sí.

VIRGEN DE LA PESTE.— Venid, mulieris, venid todas bajo mi manto. *(Abre su manto para acogerlas.)*

OTRA.— El caso es que su cara me suena también. ¿A vosotras no?

VIRGEN DE LA PESTE.— Venid a mí, que yo os protegeré de todas las pestes. Presentes y futuras. De las pasadas, incluso.

LA OTRA.— ¿Sabe lo que está diciendo?

VIRGEN DE LA PESTE.— ¡Venid todas las

mujeres! ¡Fáciles y hermosas! ¡Tiernas y laboriosas!

Una cortesana.— ¿Laboriosas ha dicho?

Otra.— Las labores, para quienes las quieran, guapa.

La Otra.— Nosotras ya tenemos bastante con lo propio. No te digo.

Una cortesana.— *Pa* labores andamos. Anda a predicar a otro barrio.

Otra.— Ahítas estamos de monjas. «*Ora et labora, ora et labora, ora…*».

La Otra.— Y anda que el uniforme de enfermeras que nos habían dao…

Ríen las tres, descaradas, mostrando encantadas sus atuendos.

Una cortesana.— Tú ¿debes ser Virgen, no?

Otra.— Se la nota.

La Otra.— Pues, si quieres, Virgen, te pasas por el convento donde trajinamos, que allí también se habla latín.

Las Tres.— ¡*Cunnilingus magnum*!

Ríen estrepitosas.
La Virgen, *airada, abre su manto, provocando un espantoso ruido de tormenta.*
Absorbe en un abrir y cerrar de manto la silueta de las tres Cortesanas *que caen gritando en la virginal celada, como si de un tornado se tratara.*

Las tres cortesanas. — ¡Ahhhhhhhhh!

Una vez engullidas, la Virgen *permanece inmóvil y triunfante, como si no hubiera roto un plato.*
Impecable.
Se hace el silencio.
El Titiritero, *que se había mantenido al margen, está estupefacto.*

Titiritero. — ¿A… a… aquí qué ha pasao?

La Virgen *sigue pétrea.*

Titiritero. — ¿Mmme permitiría usted, señora?

Con cuidado de no molestarla, busca desde arriba en el interior del retablo, pero parece no encontrar nada.
Alguna maniobra más y recupera los despojos de Hellequin, *que nunca muere del todo, como buen diablo que es.*

El TITIRITERO *se lo guarda cuidadoso en un bolsillo.*
La TITIRITERA *sale de detrás, atónita también, y desplaza junto a él el retablillo, con la inquietante presencia de la* VIRGEN DE LA PESTE, *que balancea su manto al trantrán, talmente un paso de Semana Santa.*
Salen comentando por lo bajini.

TITIRITERO. — Tú ¿sabes lo que ha pasado ahí dentro?

TITIRITERA. — Yo ¿qué voy a saber?

TITIRITERO. — Como estabas por detrás.

TITIRITERA. — Y tú por delante.

TITIRITERO. — Pero esta ¿quién es?

TITIRITERA. — Camina y no preguntes, que más vale no saber.

Caminan.

TITIRITERA. — ¿Estás mejorcito de lo tuyo?

TITIRITERO. — El paracetamol parece que me ha templao un poquito.

Salen.

3 . Cabezudos en el Palacio de Hielo

Entran, cansinos, dos cabezudos cubiertos con
mascarilla y buzo de protección antivirus.
A pesar de las mascarillas, se reconoce en
uno la cara de la Virgen de la Peste.
En el otro, la de Hellequin.
De forma sincronizada, se sientan en un
banco y se quitan las mascarillas. En silencio.
Se desprenden luego de las cabezas, las colo-
can cuidadosos a izquierda y derecha respec-
tivamente, y encienden sendos cigarrillos.
Siempre a la vez.
Son el Titiritero *y la* Titiritera.

Titiritero.— No aguanto más la protección
esta.

Titiritera.— Ni yo. No pensé nunca que
tendríamos que lidiar con algo así.

Titiritero.— Vale que tenemos un oficio
tristón. Pero esto…

Titiritera.— ¡Esto!

Titiritero.— El Palacio de hielo convertido
en morgue...

Titiritera.— Como salga en la prensa.

TITIRITERO. — Saldrá.

TITIRITERA. — Pero…

TITIRITERO. — Ha salido lo de las residencias.

TITIRITERA. — Como chinches se están muriendo. Sin oxígeno, sin ventilación, sin…

TITIRITERO. — ¿Te has enterado de lo del Marqués?

TITIRITERA. — Calla, por favor, que hemos salido a despejarnos.

Silencio.
Siguen fumando.
Volutas de humo «fantasía» en honor a las
desaparecidas cortesanas.

TITIRITERA. — Tú ¿crees que vamos hacia un mundo… sin viejos? ¿O hacia un mundo de viejos?

TITIRITERO. — No te das cuenta.

TITIRITERA. — ¿De qué?

TITIRITERO. — De que los viejos de la próxima peste… somos nosotros.

TITIRITERA. — No…

TITIRITERO. — No poco.

TITIRITERA. — Pero si la próxima no toca peste.

TITIRITERO. — Ah, ¿no? ¿Qué toca entonces?

TITIRITERA. — Guerra.

TITIRITERO. — Sí, hombre. ¡Peste!

TITIRITERA. — Que te lo digo yo.

Juegan superponiendo sus manos, hasta lle-gar a la cabeza del más alto.

TITIRITERO. — Peste.

TITIRITERA. — Guerra.

TITIRITERO. — Peste.

TITIRITERA. — Guerra.

TITIRITERO. — Peste.

TITIRITERA. — Guerra.

Han llegado al final.

TITIRITERA. — ¿Ves? La siguiente peste, toca guerra.

Titiritero. — Pues no sé qué es peor.

Silencio. Siguen fumando.

Titiritero. — Y… ¿habrá que seguir llevando mascarilla?

Titiritera. — Igual.

Titiritero. — Me cago en los diablos coloraos.

Titiritero. — Bueno, qué ¿seguimos?

Apagan los cigarrillos y los guardan cuidadosamente en un bote que precintan y dejan sobre el banco.

Titiritera. — Vamos con el carro de los muertos.

Se colocan de nuevo las cabezas.
Miran fijamente hacia el frente.
Salen.

PERTENENCIAS

Retablo cómico para objetos en tres calles y un cuerpo

Jana Pacheco

A todas las personas que me ayudaron en las mudanzas físicas y emocionales a lograr el estado de pertenencia.

A Paco Nieva, por toda la inspiración acumulada entre objetos.

El teatro, como el arte, debería ser algo así como una escultura en cera, que cambia con la medida del tiempo y de las gentes que dejan en ella su especial movimiento.

Francisco Nieva[1]

---

[1] Entrevista realizada al magnetofón por Moisés Pérez Coterillo y Santiago de las Heras. Madrid, 1 de febrero de 1973. N.º 153. *Primer Acto*. 1973.

Dramatis objetuae

Ella, Manipuladora de objetos.
Escritora disléxica.

Maleta Vieja, Sus cierres están
demasiado oxidados para encajar adecuada-
mente. Fue cerrada con tornillos hace más de
un año. Está repleta de objetos envueltos en
papel de periódico.

Guerrero Erguido, Copia en miniatura de un
guerrero de Xi'an, que representa al ejército del
primer emperador de China de la dinastía Qin
Shi Huang. Su análogo original mide 1,80 cm,
pero a él lo han dejado en siete.

Guerrero Arrodillado, Copia en miniatura de
otro guerrero de Xi'an que tiene artrosis porque
lleva más de dos mil años con una rodilla clava-
da en el suelo. Aun así es considerado la octava
maravilla del mundo.

Bruja Invisible, Vivió muchos años en una
mecedora de madera hasta que fue lanzada a la
basura por Ella. Su alma continúa balanceán-
dose en la eternidad.

Poster De Mark Rothko, Copia de un cuadro
original de Mark Rothko donde el azul del cielo
y el azul del mar están separados por una línea
blanca que simula el horizonte.

SANTA MARÍA DEL MONTE CARMELO, Comúnmente conocida como Virgen del Carmen. Personaje ausente que marca el tiempo de la obra.

LIBRO DE ARTE, *Religión, Arte y pornografía*, de Ángel González García. Tiene una cubierta en forma de esquela. El autor lo publicó en julio de 2014, cuatro meses antes de morir.

EL TIEMPO: Este Retablo acontece el 16 de julio de un año cualquiera, cuando Santa María del Monte Carmelo, embarcada en un navío, está siendo engalanada para salir en procesión.

LA ACCIÓN: Lo que tarda la Virgen en llegar a la orilla. «El sol se va por donde quiere y los vientos se disputan»[2].

EL ESPACIO: Un retablo de objetos está dentro de una maleta. En su interior se escuchan voces y sonidos. Los acentos, signos de pertenencia, se solapan y entremezclan. El mar se escucha de fondo como una melodía salvaje.

---

[1] Acotación del inicio de *Pelo de tormenta*, de Francisco Nieva.

CALLE PRIMERA: CUADRO 1

GUERRERO ERGUIDO.— Socorrooooo. ¡Sácanos de aquí! ¡No sopolto más este peliodico sin noticias!

GUERRERO ARRODILLADO.— ¡Quelemos salir!

POSTER DE MARK ROTHKO.— Por favor, que alguien me desenrolle. ¡Soy un mar con derecho a horizonte!

BRUJA INVISIBLE.— Nam-myoho-renge-kyo, Nam-myoho-renge-kyo.

MALETA VIEJA.— ¡Silencio! ¡No puedo más con tanto recuerdo gritando aquí dentro!

GUERRERO ARRODILLADO.— ¡Me duele la lodilla!

MALETA VIEJA.— Es la humedad. Yo tengo los cierres fatal.

POSTER DE MARK ROTHKO.— Debemos estar en un pueblo con mar.

GUERRERO ARRODILLADO.— ¡Flente a una playa lepleta de guilis!

BRUJA INVISIBLE. — Nam-myoho-renge-kyo. Nam-myoho-renge-kyo.

GUERRERO ERGUIDO. — ¡Sácanos de aquí, pol favol! ¡La bluja está rezando en sánsclito!

MALETA VIEJA. — Prefiero los mantras antes que el rosario de la semana pasada.

GUERRERO ERGUIDO. — Yo a la bruja no la veo.

MALETA VIEJA. — Porque no está.

GUERRERO ERGUIDO. — Entonces ¿por qué la escuchamos?

BRUJA INVISIBLE. — Nam-myoho-renge-kyo. Nam-myoho-renge-kyo.

POSTER DE MARK ROTHKO. — No lo entiendo. Que no os saque a vosotros, que no servís para nada, vale, pero a mí…

MALETA VIEJA. — Claro, porque tú sirves de mucho.

POSTER DE MARK ROTHKO. — Yo le doy tranquilidad, por eso me ha mudado de pared en pared en todos sus pisos de estudiante. ¿Por qué ahora que tiene un hogar no me cuelga?

MALETA VIEJA.— ¿Cómo sabes que es un hogar, que no estamos aquí de paso?

POSTER DE MARK ROTHKO.— ¿Quién se lleva los recuerdos de paso?

GUERRERO ERGUIDO.— Desde que se ha vuelto politeísta tiene mucho lío.

MALETA VIEJA.— No te metas con Ella, que no estás tú para sacar pecho. ¿Dónde se ha visto un mar con agujeros?

POSTER DE MARK ROTHKO.— ¡Doce años juntas! ¡Soy su ventana al mundo, su horizonte pequeño!

MALETA VIEJA.— Mira que sois dramáticos los artistas.

POSTER DE MARK ROTHKO.— ¡Yo no soy artista! Sólo soy una copia, un póster, una pintura sin pintura, un paisaje sin paisaje, pero tengo un gran valor sentimental.

MALETA VIEJA- ¡Ya está bien de lamentos! Para ser un póster eres más pesado que una escultura griega.

GUERRERO ERGUIDO.— Nosotros, cubieltos con todas estas noticias que se han volado y sin decir palabla.

Guerrero Arrodillado. — Tú no te quejas porque estas de pie, pelo yo estoy agachado hace dos mil años.

Maleta Vieja. — ¡Qué exagerado! A vosotros como mucho os fabricaron el siglo pasado.

Bruja Invisible. — Nam-myoho-renge-kyo. Nam-myoho-renge-kyo.

Guerrero Arrodillado. — ¿Pol qué se menea tanto la mecedola?

Bruja Invisible. — Nam-myoho-renge-kyo, Nam-myoho-renge-kyo.

Ella *coge un destornillador y lo acerca a la maleta.*

Maleta Vieja. — ¡Bruja! ¡Sigue cantando! ¡Ha cogido el destornillador!

Bruja Invisible. — Nam-myoho-renge-kyo. Nam-myoho-renge-kyo. Nam-myoho-renge-kyo. Nam-myoho-renge-kyo. Nam-myoho-renge-kyo.

Maleta Vieja. — ¡Me ha girado!

Poster de Mark Rothko. — ¿Qué ves? ¿Hay otro mar allí abajo?

MALETA VIEJA. — Veo un salón grande rodeado de ventanas. ¡Hay mucha luz! La casa está muy nueva, pero hay muebles que parecen sacados de un viejo teatro.

GUERRERO ARRODILLADO. — Pol favol, cuidado. ¡Somos guelelos muy flágiles!

MALETA VIEJA. — Tranquilo, tenéis muchos periódico encima, no os vais a romper.

GUERRERO ARRODILLADO. — La terracota se rompe con mirarla.

POSTER DE MARK ROTHKO. — Pero si sois de cemento.

MALETA VIEJA. — Ella es la primera que tiene miedo a haceros daño. Alguien le dijo una vez que los recuerdos es mejor no dañarlos. ¡Me va a abrir!

Mientras ELLA *quita los tornillos de la maleta, los objetos se pegan unos con otros, luchando por su importancia.*

MALETA VIEJA. — ¡No os peléis!

CALLE SEGUNDA: CUADRO 2

Por último, saca un POSTER DE MARK ROTHKO *y lo desenrolla. Una lágrima cae sobre la línea del horizonte que separa el azul del mar del azul del cielo.*

POSTER DE MARK ROTHKO. — ¡Por fin! No sabes la lata que me han dado todas esas miniaturas. ¡Pero ya estamos aquí! El pasado es pasado, te perdono. ¿Dónde me vas a poner? ¿Dónde está tu cuarto? ¿Y las chinchetas? ¿Puedes aprovechar los viejos agujeros, por favor?

ELLA *enrolla el* PÓSTER *y vuelve a meterlo en la maleta.*

POSTER DE MARK ROTHKO. — Pero ¿qué haces? ¡No vuelvas a meterme ahí dentro! Por favor. ¿Qué está pasando? ¿Estoy descolorio? ¿He perdido el azul?

MALETA VIEJA. — No puedo seguir guardando un océano con agujeros.

POSTER DE MARK ROTHKO. — Por favor, no me dejes más tiempo aquí dentro. ¡Me doblo! ¡Me agrieto! Ese mar que se escucha de fondo y yo no competimos. Yo soy un mar abstracto. ¡Un horizonte de mentira! Siempre te conformaste con eso.

Guerrero Erguido. — Eres muy pedante pala sel solo una copia.

La tapa de la Maleta *se cae bruscamente y vuelve a cerrarse.*

Maleta Vieja. — ¡Ten cuidado! ¡No puedes cerrarme de golpe! Tengo heridas de guerra.

Ella *desenvuelve el último objeto, una pequeña mecedora de madera. La coge entre sus manos unos segundos hasta que la deja en el suelo.* La Bruja Invisible *comienza a balancearse de delante atrás al ritmo de las olas.*

Guerrero Arrodillado. — ¡Se mueve sola!

Bruja Invisible. — ¿Por qué no podéis ver más allá de lo que ven vuestros ojos?

Guerrero Erguido. — En nuestra cultura lo invisible no existe, por eso nos enterraron.

Bruja Invisible. — Hija, menos mal que no necesitas verme para escuchar lo que digo; casi treinta años juntas y aquí seguimos. Bueno, aquí seguís la mecedora y tú, porque a mí me despachaste. Lo que no sé si te perdono es que tirases a mis compañeras a la basura. *(Suspira melancólica.)* Debías tener doce o trece años. Te dio por coleccionarnos y todo el mundo te regalaba brujas para Navidad, para tu cumpleaños, para el enemigo invisible. Algunas eran de porcelana, otras de trapo. La mayoría bastante feas porque respondían a los cánones históricos de bruja con nariz grande y verruga. ¡Qué pena! Estuvimos años decorando tu cuarto, y en la adolescencia, ¡zas!, nos tiraste a todas a la basura. Supongo que te cansaste de tanta mujer fea con gato negro. Al menos de mí conservaste la mecedora. *(Pausa.)* Mira que hemos andado desde entonces… Me he columpiado en una casa y en otra, en las estanterías de todos esos pisos de estudiante que no eran casa de nadie. Pero a las compañeras las tiraste y me quedé sola. Sola, sola no. Las personas que se van se nos pegan en la piel como se pega el tiempo. Luego hay que hacer mucha limpieza; tirar las cosas no es suficiente.

MALETA VIEJA. — Que me lo digan a mí que os llevo a todas encima.

BRUJA INVISIBLE. — Dentro, nos llevas dentro. Y un poquito de limpieza no te vendría mal. Qué pena…, con lo nueva que estabas cuando nos conocimos y mírate ahora.

MALETA VIEJA. — Como tú no tienes cuerpo no sabemos si envejeces.

65

Bruja Invisible. — Yo era guapísima en mi última vida, tenía un vestido negro aterciopelado. Aún tengo la sensación de piel de gallina. Aunque no tengo piel, siento escalofríos en el espíritu. *(Resopla melancólica.)* ¿Dónde me vas a poner ahora?

La Virgen deldel Carmen *con el niño en brazos ya está en el horizonte. La barca repleta de flores se balancea al ritmo del mar.*

Bruja Invisible. — Ahora que estás aquí todo se ha transformado. Además, la tienes a ella, a la Virgen del Mar. Nunca has sido muy de vírgenes, pero deberías hacer un poco de caso a la abuela, lo importante no son las religiones, es la fe. Sin fe no hay quien viva, y eso te lo ha dicho la terapeuta que tiene más rango que yo. Ahora puedes hacer un altarcito a la Carmen, que además se llama como tu tía abuela a la que tanto has querido. La tía Carmen te rezó mucho en vida. Te subía la vibración de inmediato y pensabas que era por el yoga, pero de eso nada, era tu tía Carmen, que cada vez que salías de viaje te rezaba el rosario entero. Acuérdate de esa vez en Cuba cuando un negro mu negro te miró fijamente y te dijo: «¿Quién es Carmen?». Y tú le dijiste: «¡Mi tía!». Y él te dijo que esa señora no paraba de rezarte, que él lo sentía por encima de tu

hombro izquierdo. ¡Qué grande Carmen!
Hasta Cuba llegaban sus rezos. Deberías
comprarte una réplica de esa virgen en un
anticuario y ponerla en tu cuarto para con-
sultarle como a un oráculo. Tenemos que
repartir el peso. Yo estoy un poco agotada
de tanto esoterismo moderno. La verdadera
espiritualidad ya la has descubierto y no
está en los mantras. ¡Está en el sexo! Ahí sí
que tienes la vibración alta; te vibran los
cachetes y los chacras. ¡Hasta el aura te
vibra! O el nimbo, o como quieras llamarlo.
Seguro que a los Guerreros les vibra hasta
la armadura. Pero hay que perder el cuerpo
para darse cuenta de eso.
Yo quiero jubilarme. Llévame al mar para
que me sujeten los marineros por encima de
las aguas. El alma también se broncea.
Estoy cansada de que pienses que lo sé
todo… Menos mal que últimamente empie-
zas a hacerte más preguntas. El cuerpito es
muy sabio y tú estás aprendiendo a escu-
charlo. Qué bien te está haciendo este paisaje. Poco a poco estás aprendiendo a
observar, a desarrollar cualidades para inte-
grarte. ¡Hasta se te está pegando el acento!
Qué pena que no puedas traerte a la abuela
a este sitio.

POSTER DE MARK ROTHKO. — *(Desde dentro de
la maleta.)* Ten cuidado, que, si te cambia

por la Virgen del Carmen, igual te pasa como a mí y te mete otra vez aquí dentro.

BRUJA INVISIBLE. — Yo soy sólo un recuerdo sentado en una mecedora. Ni siquiera soy una copia. Soy lo invisible. *(Suspira melancólica.)* Sólo espero que, si decide deshacerse de la silla, no me tire a la basura como hizo conmigo y como hará con el guerrero ese que está erguido y que se caerá de la estantería sin ton ni son el día que entre por la puerta alguien con mala vibra. Ella te guardará en una caja con la intención de pegarte, pero ya no serás un buen recuerdo y acabará tirándote a la basura. Pero tranquilo, falta mucho para eso. Tu alma se quedará con nosotras. Tú tienes espíritu guerrero y nosotras te recordaremos.

GUERRERO ARRODILLADO. — *(Sollozando.)* Pero yo no quiero que se vaya.

BRUJA INVISIBLE. — Tranquilo, que no se va a ir del todo. Seréis la extraña pareja. Tú seguirás arrodillado en signo de veneración, pero en frente de ti no habrá nadie.

GUERRERO ERGUIDO. — Enfrente de nosotros siempre estará Ella.

BRUJA INVISIBLE. — Llevo más de treinta años

acompañándola y alguien tiene que hacer este trabajo cuando me jubile. Esto de la elevación espiritual es mu cansao. Yo sólo quiero que me lleve al mar, igual que se ha venido Ella, *pa* que me sostengan esos marineros robustos que pasean a la Virgen del Carmen.

GUERRERO ARRODILLADO.— Bruja, a ti también se te pegó el acento.

BRUJA INVISIBLE.— Yo he vivido en demasiados cuerpos *pa* tener un sólo acento. Son los destinos que le tocan a una... Lo vientos, como dicen en otras tierras. Hay que adaptarse y los acentos son *pa* eso; *pa* sonar igual que las demás y que nadie desentone. Quiero reencarnarme en una Virgen del Carmen para que me lleven de paseo en verano. Seguro que los costaleros le meten la mano entre las faldas. Seguro que alguno la mira por debajo del sayo *pa* ver si tiene o no tiene raja. *(Suspira.)* Y mira, hija, yo también quiero que me miren la raja y me sostengan por encima de las aguas y sostener yo también un niño entre los brazos, y que me pongan flores, y que la gente me cante y me diga «¡Viva la madre que te parió!». Porque a mí una vez también me parió alguien y eso fue mu bonito.

ELLA.— Nam-myoho-renge-kyo. Nam-myoho-renge-kyo. Nam-myoho-renge-kyo.

69

GUERRERO ERGUIDO.— Pero si Ella es de Badajoz. ¿Allí se cantan mantras?

BRUJA INVISIBLE.— Ella critica la globalización, las marcas, el Inditex, la explotación laboral y luego va y se apropia de los mantras del vecino como si nada. Ahora dice que es politeísta. De todas formas, Ella de Badajoz no es. De Badajoz es el padre. Yo he *sio* la que le ha *enseñao* los mantras *pa* que lo integre en las meditaciones, que anda de un lado para el otro sin fijar nada, y así no hay quien evolucione. Por eso nos ha sacado de la maleta. Había que poner orden. Los atisbos de elevación sin cable a tierra no son buenos. Cuando se viaja al otro mundo hay que tener llave de vuelta *pa* no perderse. Los recuerdos tenemos eso, ponemos un poquito de tierra en las transformaciones, igual que los mantras, que también bajan la raja al suelo. La gente cree que los mantras están para elevarse, pero en realidad están *pa* quedarse *sentaita* en el sitio hasta que la pelvis se cuela en el zafu, la esterilla, el sofá, la alfombra o donde sea que una se siente. Porque el mundo hay que mirarlo *sentaita*, y no de viaje como piensan los turistas. Que se van a Bali y creen que por eso se les va a elevar el espíritu. Pero de eso nada. La gente *pa* elevarse tiene que quedarse en la casa porque lo que tiene que mover es la vida. El cuerpo ya tiene bastante con ir detrás de Ella.

GUERRERO ARRODILLADO.— Los europeos con tal de robar os quedáis hasta con los mantras.

BRUJA INVISIBLE.— Los mantras no son de nadie, so penco. Y la Virgen del Carmen es del Carmen, por mucho costalero que la lleve a cuestas. Y Ella es de Alcubillas, como su abuela, no de Badajoz. Su linaje paterno lo tiene poco explorado, la pobre, porque nunca conoció a esa parte de su familia. Ni siquiera conoce a su abuela por parte de padre, que parecía una señora muy maja en las fotos. Ahora se va a pasar media vida haciendo constelaciones familiares para no quedarse coja de raíz.

MALETA VIEJA.— Pero si Ella nació en Madrid.

BRUJA INVISIBLE.— ¿Y eso qué tiene que ver? No se es de donde se nace. Eso es pura casualidad. La familia materna, la que Ella conoce, esa es de Alcubillas.

MALETA VIEJA.— ¿Y eso dónde está?

BRUJA INVISIBLE.— En Ciudad Real, pegado a Valdepeñas, el pueblo de Paco Nieva, que es muy famoso por el vino. La familia de Ella tenía viñedos en otra época. Sus ancestras pisaban la uva con los dedos de los pies y cantaban mientras tanto. Una vez al año daban una fiesta y compartían el vino que sobraba de la cosecha con *tol* pueblo. Ahí se liaba la marimorena. Y al día siguiente, si te he visto no me acuerdo.

GUERRERO ARRODILLADO. — Las ancestras vuestras se parecen a las dinastías nuestras.

BRUJA INVISIBLE. — Nosotras no necesitamos título nobiliario para reconocernos. Eso de los títulos no importa cuando estás muerta. De eso no se enteró vuestro emperador, que os metió a todos en la tumba con él después de muerto. Ocho mil soldados construidos a tamaño natural enterrados con el señor emperador. ¡Una locura! Nosotras tenemos una vida más que los gatos. Ocho vidas de memoria tiene el cuerpo. No necesitamos esos entierros masivos.

GUERRERO ARRODILLADO. — Vosotras también os enterráis con mucha gente.

BRUJA INVISIBLE. — Con dos mil años de antigüedad deberías saber que el cuerpo contiene la memoria de ocho generaciones anteriores a la nuestra. Y no es una cuestión de almas, es una cuestión de piel, de memoria, de células. Pa recordar hay que desarrollar la conciencia y pa eso hay que meditar mucho. Las peregrinaciones a Bali no valen. Todo el mundo cree que ser bruja es un cargo heredado, pero las brujas somos otra cosa. Nos escondemos en el bosque y hablamos con los búhos, que lo ven to de noche. Anda que no hemos estudiado nosotras. La cantidad de títulos que podríamos tener; si comulgásemos con la academia serían muchísimos, pero siempre nos ha dado un poco de pereza eso de la burocracia. Los papeles sólo han servido para quemarnos en la hoguera.

Ella *coge la mecedora entre las manos.*

La Bruja Invisible. — ¡Me lleva! Que tengáis buen destino. Siento mucho que os vaya a volver a poner todas esas noticias borradas encima *pa* guardaros de nuevo. No os quiere en su nueva vida. No se lo tomen ustedes como algo personal. En esta casa las paredes están demasiado blancas y Ella quiere recuerdos nuevos. Dejar la historia personal atrás es algo bueno. Los recuerdos, si los aireas, dejan hueco y puedes ir por la vida más ligera.

Ella *coloca la mecedora en una estantería, delante de los libros.*

Bruja Invisible. — Bueno, no es el mar, pero me sienta bien la literatura de paisaje.

Calle tercera: Cuadro 3

La Virgen del Carmen *con el niño en su regazo, avanza por el mar en la barca. Treinta costaleros vestidos de blanco la sostienen. El mar les llega hasta la cintura. Sobre su hombro derecho un travesaño de madera los une en procesión. Avanzan cabizbajos hacia la orilla. Uno de ellos reza el rosario por dentro. En el retablo vemos un cajón de madera rectangular con varios libros de canto y un libro de cara. A su lado, una planta.*

Libro de Arte. — ¡A sus pies, señora mecedora!

Bruja Invisible. — Uy, qué caballero más amable. Con usted no había coincidido yo nunca.

Arte y Pornografía. — Es que me habían prestado, pero ya estoy de vuelta.

Bruja Invisible. — Usted más que un libro parece una esquela.

ARTE Y PORNOGRAFÍA. — El humor fue algo muy importante en su literatura[3].

BRUJA INVISIBLE. — Ya veo ya... ¿Y de qué trata usted?

LIBRO DE ARTE. — De arte, señora.

BRUJA INVISIBLE. — ¿Arte pornográfico?

LIBRO DE ARTE. — Todo el arte es pornográfico a mi entender. Los artistas siempre quieren enseñar las obscenidades de su vida. Al menos eso decía él. Que lo pornográfico no estaba en las imágenes pornográficas, sino en lugares mucho menos tangibles. Creía que poner imágenes devotas en un prostíbulo era una falta de decoro absoluto.

BRUJA INVISIBLE. — Las imágenes están bien en cualquier parte, pero necesitan respeto.

LIBRO DE ARTE. — ¡Yo no me escribí a mí mismo! Él decía que allí donde lo sobrenatural se proyectaba en imágenes no cabía otra cosa que la superstición.

---

[3] *Arte y Pornografía* es el último libro que publicó el profesor y crítico de Arte Ángel González García antes de fallecer de cáncer el 21 de diciembre de 2014, a los 66 años.

Bruja Invisible. — Creer que la virgen de tu pueblo es más milagrosa que la virgen del pueblo de al lado no le hace mal a nadie. Así que no me haga usted un *man explaining*.

Libro de Arte. — Un ¿qué? No se lo tome tan en serio. A mi autor le preocupaba mucho la risa en los tiempos modernos. Usted está muerta y el análisis semiótico de las imágenes no debería preocuparle tanto. Porque está usted muerta, ¿verdad?

Bruja Invisible. — ¡Como usted!

Libro de Arte. — Los libros no morimos nunca.

Bruja Invisible. — Las brujas tampoco. Quienes se mueren son los autores y, por la cara que *tié* usted, su autor debe estar ya de mudanza *pa* la otra vida.

Libro de Arte. — Los escritores piensan que viven a través de nosotros. Y aquí me tiene.

Bruja Invisible. — Menuda teoría ridícula. Los autores se mueren como *tol* mundo.

Libro de Arte. — Usted parece muy sabia.

Bruja Invisible. — Es usted muy amable.

Tengo muchos siglos, me quemaron en la hoguera junto a un montón de compañeros suyos, libros prohibidos que decían cosas importantes, como nosotras. Así es la vida, la sabiduría se castiga. Menos mal que cuando trasciendes la materia ya puedes ser sabia *pa* siempre, que nadie te molesta.

LIBRO DE ARTE.— Usted ¿se reencarnó en bruja?

BRUJA INVISIBLE.— Sabrá usted mucho de arte, pero de espíritu poquito.

LIBRO DE ARTE.— De arte y de religiones, el libro va de eso.

BRUJA INVISIBLE.— Entonces quizá Ella le cambié de sitio. Los libros de espiritualidad están en la habitación donde duerme. Son manías suyas.

LIBRO DE ARTE.— A mí me ha puesto de adorno. Quizá no quiere mezclarme con el resto de los libros por esto del porno, pero soy un libro de arte como otro cualquiera.

BRUJA INVISIBLE.— No se lo tome como algo personal. Yo creo que es por eso de que parece usted una esquela.

LIBRO DE ARTE.— El autor me escribió cuatro meses antes de morirse.

BRUJA INVISIBLE.— Será por eso, entonces. Es fuerte saber que vas a morir pronto.

SEÑORA ORQUÍDEA.— Disculpen, no quisiera interrumpir, pero…

BRUJA INVISIBLE.— Uy, usted ¿quién es? Si a Ella no le gustan las plantas.

SEÑORA ORQUÍDEA.— Pues ahora le ha dado por ahí…

LIBRO DE ARTE.— Dice que son como un bodegón de vida. Me lo contó un cuaderno en la mudanza. Ella había escrito un texto sobre naturalezas muertas cuando el encierro.

SEÑORA ORQUÍDEA.— Claro, de plantas vivas mucho no sabe. A mí, o me riega todos los días y me ahogo o se olvida de regarme y me seco como un cactus.

LIBRO DE ARTE.— Perdone, no quiero ser irrespetuoso, pero ¿no podría moverse un poquito a la derecha? Cada vez que Ella riega me pone perdido.

SEÑORA ORQUÍDEA.— ¡Vaya con la esquela! Ni que fuera un papiro. Yo necesito el agua para sobrevivir, y si le salpica se aguanta.

LIBRO DE ARTE.— Soy un libro, no me gusta que me mojen.

BRUJA INVISIBLE.— No se queje tanto. Un poquito de agua no le viene mal a nadie. Algunos libros envejecen regular *na* más; no digo que sea su caso, pero a veces hay que sacudir un poco la literatura o mojarla, a ver si se empapa de lo nuevo. *(Suspira melancólica.)* Señora, para mí es usted toda una novedad. Yo no había visto una planta en la vida.

SEÑORA ORQUÍDEA.— ¿Nunca?

BRUJA INVISIBLE.— Me refiero en esta vida, con Ella.

LIBRO DE ARTE.— Pero ¿no estaba usted muerta?

BRUJA INVISIBLE.— Es usted un poco cortito para ser un Libro de Arte pornográfico. Le hacía más abierto de miras... Que hasta los Guerreros han entendido lo de la memoria de los cuerpos y las ocho vidas, y eso que llevan armadura. Señora, no se enfade usted con el libro. Se cree gracioso porque su autor tenía mucho humor, o eso dice.

SEÑORA ORQUÍDEA.— Debe ser muy triste

estar hecho de plantas muertas y no hacer la fotosíntesis.

BRUJA INVISIBLE.-A todo te acostumbras. Hasta a vivir sin respirar se acostumbra una. Y a usted, ¿le salen flores en primavera?

SEÑORA ORQUÍDEA.— *(Presumida.)* ¡Soy una orquídea! Mis flores son blancas, símbolo de la belleza, pero con el tiempo mis flores se van cayendo. A Ella le gusta guardarlas secas. Una vez se las regaló a un amigo, le dijo que eran las huellas de su primavera.

BRUJA INVISIBLE.— Chiquilla, qué poética. Cada día está más metafórica en sus gestos, es todo un orgullo que haya abandonado tanta simpleza. Desde que hemos llegado aquí no deja de sorprenderme, como los libros. Los libros son como las personas, siempre se aprende algo de ellos aunque no te gusten. A mí me gusta que me toque en la estantería de los libros de gatos. Ella tiene una colección enorme. Hay uno de filosofía felina que dice: «Mientras que los gatos viven siguiendo su naturaleza, los humanos viven reprimiendo la suya»[4].

---

[4] John Gray. *Filosofía felina. Los gatos y el sentido de la vida.* Sexto Piso.

LIBRO DE ARTE.— Para los humanos, el cuerpo debe de ser algo muy importante.

BRUJA INVISIBLE.— Es evidente. Cristo lo que sacrificó fue su cuerpo, no su alma.

LIBRO DE ARTE.— Usted no tiene cuerpo y, sin embargo, dice que tiene ocho vidas, una más que los gatos.

BRUJA INVISIBLE.— ¡Memoria de ocho vidas!, que no es lo mismo.

LA SEÑORA ORQUÍDEA.— ¿Usted cuánto tiempo lleva con Ella?

BRUJA INVISIBLE.— Unos treinta años, más o menos. Primero me tenía en casa de su madre y de su abuela. Vivieron las tres juntas durante mucho tiempo, hasta que la abuela enfermó. Los muertos vivos son la peor especie. No se puede hablar con ellos. Eso le pasó con la abuela, se les cortó el wifi de repente. Primero la mujer perdió el habla y sólo cantaba y rezaba. Los rezos y las coplas se las sabía de memoria. Así que Ella cantaba por Rocío Jurado y la abuela le seguía la letra y la entonación a la perfección. «Cuando supe toda la verdad, señora…». Esa letra siempre me ha parecido una prefiguración. Eso es otro tema. El caso es

81

que aquello era insostenible. La abuela, digo, no el cante. De la cama al sofá y del sofá a la cama, parecía una muñeca de trapo. Un día se la llevaron a una residencia, y no a una de esas modernas donde van los artistas. De eso nada. Se fue a una residencia de ancianas donde están todas con babero y la baba fuera. Y Ella, cuando la abuela ya no vivía en casa, se fue y dejó a la madre sola. Eso le dio mucha pena, pero... ¡hay que vivir! Eso te lo dice una muerta. Al menos yo sigo teniendo un lugar, ¿sabes? No tener cuerpo es mucho mejor que ser una bruja de trapo con una nariz enorme y una verruga en *to* lo alto. Eso son clichés de los tiempos modernos que le preocupaban al autor que le escribió a usted.

LIBRO DE ARTE. — Ángel González García, crítico y comisario de arte, para servirle.

BRUJA INVISIBLE. — De servirme nada, que yo ya estoy *servía*. Ustedes las plantas tienen mucha suerte de mantenerse igual y de ponerse guapas en primavera. Porque es un poco cansado que los criterios estéticos, sobre todo *pa* las mujeres, cambien todo el rato. Sobre todo cuando se tiene conciencia de vidas pasadas. ¡Menudo aburrimiento! Una piensa: «¡En otra vida yo hubiera sido guapísima!». Y seguro que hay muchas mujeres deseandito de nacer en la época de Rubens y otras en la de Modigliani. Yo ya me he acostumbrado.

Una se va adaptando, como el agua *ar* vasito que la contiene. Ahora puedo no existir si no hablo. Porque sólo existimos en la medida en la que Ella nos escribe o nos escucha. Eso es lo que pasa. *Pa* hablar con los muertos lo mejor es que se mueran. Hay que estar bien muerta *pa* abordar las conversaciones pendientes. Abres la caja de los truenos y te sacas *to* los tabús de un golpe. Dices lo que se te canta a todo el mundo. Lo malo es que no te haya querido nadie, porque entonces no te escuchan. Eso sí que es triste y no la soledad en vida; esa se suple con viajes del IMSERSO.

Cuando la abuela se muera será más fácil para Ella. Es mentira eso de que ojos que no ven, corazón que no siente. Porque Ella a la abuela la siente. El problema es que, como no se muere, no se conectan. Y eso que la abuela tenía una cruz de Caravaca en el cielo del paladar. ¡Eso no lo tiene cualquiera! La abuela le contaba cómo la gente de Alcubillas se comunicaba sin hablar. Por aquel entonces no había móviles ni nada, pero, cuando se moría alguien de otro pueblo, la bruja del Alcubillas lo sabía el día de antes. Entonces avisaba al párroco para que preparara la misa, porque en el pueblo de al lado no había parroquia. ¡Eso sí que es ser adivina y no la Aramis Fuster! También contaba que una vez se le apareció la cara de Cristo cuando le dio la vuelta a la tortilla de papas. ¡Jesucristo en la tortilla! A la gente que le ha *faltao pa* comer entiende que lo importante es comer y ya está. Que la abuela comía sopa con las mondas de las papas cuando la guerra.

LIBRO DE ARTE. — Señora, su acento parece cada vez más de esta tierra.

BRUJA INVISIBLE. — Yo tengo muchas vidas para andar con un sólo acento. No nací aquí, pero en Alcubillas tampoco nací nunca. Sin embargo, sé que allí pasaron cosas mu feas. Lo cuenta la tierra, que está llena de cadáveres. Y también lo contaba la abuela. Rojos muertos, los llamaba. Porque allí en Alcubillas tiraban a los republicanos por un barranco cuando la guerra. A su bisabuelo le confiscaron los camiones que tenía para recoger la uva y le obligaron a conducir hasta el barranco donde llevaban a los rojos *pa* tirarlos. Era una forma de ahorrar municiones. Algunos pedían que les dejaran saltar solos, que no los empujaran. Querían un poco de dignidad. Y otros, en el último momento, agarraban al soldado de turno por la chaquetilla y lo tiraban también. Eso lo contaba siempre la abuela mientras maldecía por tanta crueldad en el mundo y por tantas guerras. Que la mujer, cuando veía otra guerra más en la tele, se acordaba de la suya y se ponía mala. «¡Los muertos son muertos, y da igual cuál sea su guerra!», decía.

SEÑORA ORQUÍDEA.— ¡Qué historia tan triste!

BRUJA INVISIBLE.— La abuela era muy niña por aquel entonces. Ella nació en el treintaiséis y, cuando acabó la guerra, se fue a vivir a Madrid con su madre y sus hermanos. Allí comenzó a servir a un médico que se hizo mu famoso y se casó con el Fidel, que al parecer era *mu* guapo, pero era un pieza, como muchos hombres en esa época. No la pegaba, pero la boquita de serpiente tenía mucho veneno. Dejaba a la abuela en el sitio de los menosprecios que salían de su lengua. En Madrid nacieron su madre, sus tíos y Ella. Por eso su familia no son lo que se dice «gata, gata»… Los gatos son de siete generaciones anteriores y Ella eso no lo tiene.

SEÑORA ORQUÍDEA.— ¿Su cuerpo también tiene memoria de ocho?

BRUJA INVISIBLE.— *Pos* claro. Eso no es sólo cosa de brujas. Eso lo tiene *tol* mundo.

SEÑORA ORQUÍDEA.— Seguro que es usted una de sus ancestras.

BRUJA INVISIBLE.— Es usté *mu* lista. Cómo se nota que está anclaita a la tierra. Aunque parece que está usted pidiendo guerra, se le salen las raíces del tiesto.

SEÑORA ORQUÍDEA.— En realidad, yo no soy de esta tierra. Soy una planta exótica, como dicen los europeos, que a todo lo que viene de fuera lo llaman exótico.

BRUJA INVISIBLE.— Bueno, a todo no. Desgraciadamente, a los que vienen de Marruecos les llaman de *to* menos exóticos.

SEÑORA ORQUÍDEA.— Yo me salgo del tiesto porque busco otras tierras.

BRUJA INVISIBLE.— ¡Anda, como Ella!

SEÑORA ORQUÍDEA.— Yo fui una sorpresa. Un amigo suyo me encargó en una floristería, que me metió en una caja y me llevó a su casa de regalo de cumpleaños.

BRUJA INVISIBLE.— ¡Qué maravilla! ¡Y florece usted en todos sus cumpleaños! Seguro que usted está mejor aquí, por la humedad, como Ella. El mar reblandece hasta los

recuerdos, aunque a veces haya que poner-
los en remojo, como las lentejas. Ella quiso
contar esta historia siempre, pero no sabía
mu bien cómo hacerlo. Escribir sobre la
memoria es *mu* difícil. Además, no ha teni-
do el valor de investigar lo suficiente. Sobre
todo porque su abuelo se tiró al barranco
después de la guerra y Ella se enteró de eso
mu tarde. El pobre hombre no pudo sopor-
tar haber vivido todo ese horror durante
tanto tiempo y saltó al vacío.

Libro de Arte.— ¡Eso del barranco me
suena! Cuando llegamos aquí, me tocó estar
junto a un libro del señor Paco Nieva. Me
contó algo sobre los muertos de la guerra.
Había un pozo de donde salía mucha gente
que no se sabía si estaba viva o muerta.

Bruja Invisible.— ¡Claro! Ella se enteró del
suicidio del abuelo un día leyendo *Pelo de
tormenta*⁵. Los personajes salen todos de un
pozo. Ella recordaba que su abuela le había
hablado de un pozo al que tiraban a los rojos
en la guerra. Confundió el pozo con el
barranco y entonces le preguntó a su madre:
«Mama, ¿el pozo del que hablaba la abuela,
el de Alcubillas, tú sabes dónde estaba?»

⁵ Obra de Paco Nieva publicada en el N.º 153 de la revista
Primer Acto en el año 1973.

«No era un pozo, hija, era un barranco», le contestó ella. «Y fue allí donde se suicidó el abuelo al acabar la guerra».

ELLA. — ¿Cómo? ¿El abuelo se suicidó?

BRUJA INVISIBLE. — Era su bisabuelo, en realidad. Es decir, el padre de la abuela. Eso la abuela no se lo había contado porque cómo le iba a hablar de suicidio a una niña tan pequeña. *(Suspira.)* De eso en las casas no se habla; son de esas cosas que se atraviesan como una espina de pescado en la tráquea. Pero ese día se le escapó a su madre. Así que Ella sabe esta historia porque leyó *Pelo de tormenta* y preguntó por el pozo. Desde entonces no puede evitar pensar en eso de la genealogía. Tener un ancestro suicida no es cualquier cosa.

SEÑORA ORQUÍDEA. — ¡Qué horror! Pobrecilla.

BRUJA INVISIBLE. — No hay de qué preocuparse. Ella ha superado su miedo a la locura hace ya un tiempo. Le han ayudado mucho los libros, el mar, la escritura. Hemos meditado mucho juntas. Mantras, visualizaciones sanadoras y terapia, mucha terapia. Los traumas están en el cuerpo. La gente piensa que son una cosa abstracta, pero los traumas no son un cuadro de Rothko; son una realidad como un pino de grande y se curan con un terapeuta como dios manda. Es importante sanarlos porque, como el cuerpo tiene memoria, si una no los trata a tiempo le deja el marrón a la siguiente y eso está mu feo. Hay que sanar las heridas que las balas dejan más allá de los cuerpos *pa* que no duelan a las otras personas, sino la fase de duelo no termina nunca. En España, eso del luto de la guerra no se ha llevado *mu* bien. Las fosas siguen intactas, como si nadie las viera.

LIBRO DE ARTE. — ¡Como si fuera tan fácil olvidarse de una guerra!

BRUJA INVISIBLE. — Las heridas son tan profundas que se esconden dentro de la tierra.

SEÑORA ORQUÍDEA. — De tierra yo sé bastante. Cuando has pasado por muchas manos que te riegan o no te riegan, por lugares en los que llueve y en los que no, te das cuenta de que, en realidad, las heridas se parecen mucho entre ellas. Da igual dónde te planten.

BRUJA INVISIBLE. — Eso es, lo que pasa Señora Orquídea es que ustedes son muy conscientes de los nutrientes de la tierra; pero los humanos tapan el trauma y lo barren debajo de la alfombra, por costumbre. Y en cada casa se vive el duelo como algo individual, y parece que tenemos que curarlo solas, y eso no funciona así. Las personas somos como las plantas, necesitamos que alguien nos riegue, que nos mire, que nos huela. A esto ahora lo llaman «interdependencia», pero en otra vida llamábamos a las vecinas y era lo mismo. Las mujeres estamos *pa* eso, no *pa* limpiar la casa. Si pudiéramos juntarnos a limpiar trauma, el mundo estaría lleno de niños y niñas más sanos y más felices; pero nada, cada uno en su casa. Y Dios no está en la de todas. ¡Eso no funciona así! Cuando los males no se comparten, se le quedan a una en el cuerpo y eso no hay quien lo limpie.

Señora Orquídea.— Pues visto así, es mucho mejor ser planta. Nos alimentamos de todo, pero no absorbemos trauma, sino nutrientes, como usted dice.

Bruja Invisible.— Las raíces y la genealogía se parecen bastante, pero la genealogía es más de secano. Te llega de lo invisible, de eso que llaman «canales energéticos», «cuarta dimensión», «estratosfera». Pero en realidad son ellas, que de vez en cuando vienen y te alimentan. Por eso ahora Ella escribe, porque ha empezado a escuchar a la tía Carmen, a la Virgen, a las Brujas, a las Intelectuales y, sobre todo, ¡a las ancestras!

SEÑORA ORQUÍDEA. — También la escucha a usted.

BRUJA INVISIBLE. — Yo voy a jubilarme pronto. Esto no se lo he dicho a Ella, pero voy a estar aquí hasta que se muera la abuela. Y de momento hay que hacer hueco para que lo ocupe. Yo también me quiero ir *pa* la playa, *pa* que me levanten los costaleros por encima de las aguas.

UN CUERPO: CUADRO 4

La VIRGEN *llega a la orilla. Los costaleros la dejan sobre un pedestal de madera mientras que las carmelitas la vitorean: «¡Viva la Virgen del Carmen, que con sus andares eleva al Señor por encima de las aguas! Y vivan las mujeres que se llaman como ella. ¡Carmen! ¡Carmen!». «Qué bonita eres», se escucha. Y la tía Carmen, que también es invisible y que está dentro de la* VIRGEN, *se pone contenta. Y también la abuela, y otras mujeres invisibles que no vemos, pero están muy presentes en las vidas de muchas.*

MALETA VIEJA. — Envuelve todos los objetos con el papel sin noticias y los mete en la maleta. A mí, vuelve a cerrarme con fuerza. Coge el destornillador y comienza a clavarme esos

91

tornillos largos que me oprimen la piel vieja. Un tornillo, otro y otro. Te duelen las muñecas de apretarme tanto, y a mí me duele el tiempo, pero no sé cómo contarlo. En mi exterior hay una etiqueta de esas que tenemos las maletas por si nos perdemos. Coges un papel y escribes: «Desafío a mi memoria a recordar el origen de cada uno de estos objetos dentro de treinta años. Sólo entonces podré tomar la decisión correcta de qué hacer con ellos». Doblas el papel y lo metes dentro de ese plástico. Me colocas en el recibidor de la casa. Ahora no sé si soy un mueble viejo, una cápsula del tiempo o una de tus obras de arte.

BRUJA INVISIBLE. — Ten paciencia querida maleta. Ella te abrirá pronto, mucho antes de lo que esperas. Se dará cuenta de que los recuerdos no hay que guardarlos. Ha necesitado tiempo para incluiros a todos en su nueva vida. Ahora sois un retablo de pertenencias. Y Ella, poco a poco, con su acento nuevo y su maleta vieja, se sienta en el sofá, mira a sus libros, a sus plantas. ¡Sonríe! Ahora Ella tiene el mar, pero también se tiene a Ella.

D.U.D.O.

(Declaración Universal de Derechos Objetuales)

Dave Aidan

PREÁMBULO
Eslogan: Objetos unidos:
Paz, dignidad e igualdad

Reunidos los objetos en un lugar desconocido, en un día desconocido y una hora desconocida:

Se considera, o debería considerarse, que la libertad, la justicia y la paz tienen que estar reconocidas y formar parte de los derechos iguales e inalienables de todos los objetos que forman parte del núcleo familiar. Se considera esencial que los derechos de los objetos sean protegidos por un régimen de Derecho, a fin de que el objeto no se vea coaccionado al supremo recurso de la rebelión contra la tiranía y la opresión. Se considera primordial velar por los derechos fundamentales del objeto en la dignidad, el valor y la igualdad, promoviendo así el progreso social y elevando el nivel de vida de estos objetos, dentro de un concepto más amplio de la libertad.

Por ello, reunidos los objetos en un lugar desconocido, en un día desconocido y a una hora desconocida, la Asamblea General de los Objetos, proclama la presente Declaración Universal de los Derechos Objetuales:

Capítulo 1: Todos los objetos se deben crear libres e iguales en dignidad y derechos. También deben de estar dotados de valor sentimental y afectuoso.

Capítulo 2: Los objetos tienen todos los derechos y libertades proclamados en esta Declaración sin distinción alguna de raza, color, género, idioma, religión, opinión política o de cualquier otra índole, origen nacional o social, posición económica, nacimiento o cualquier otra condición.

Capítulo 3: Todo objeto tiene derecho a la vida, a la libertad y a la seguridad.

Capítulo 4: Los objetos no estarán sometidos a esclavitud ni a servidumbre extrema. Tampoco serán sometidos a torturas, tratos crueles y degradantes.

Capítulo 5: En caso de persecución o malos tratos, todo objeto tiene derecho a buscar asilo y a disfrutar de él, en cualquier lugar.

Capítulo 6: Todo objeto tiene derecho al descanso, al disfrute del tiempo libre, a una limitación razonable de la duración del trabajo y a vacaciones.

Capítulo 7: Se declara que los objetos tendrán una mayor obsolescencia programada según su rango de necesidad.

Capítulo 8: Todo objeto tiene derecho a una vivienda y vida digna.

Capítulo 9: Todo objeto tendrá derecho a una despedida justa y respetuosa después de su jubilación. Al igual que una compensación de cuidados y memoria.

Capítulo 10: Todos estos derechos quedan recogidos en esta Declaración Universal de Derechos Objetuales. El incumplimiento de estos capítulos serán revisados minuciosamente y puestos en observación bajo el Tribunal de Justicia de Objetos.

Todos los anteriores capítulos quedan registrados en acta.
En un lugar desconocido, a un día cualquiera de un mes que no recordaremos del año infinito.
Firmado: Tribunal de Justicia de Objetos.

Tres golpes de mazo.

Mazo. — ¡Silencio, por favor!
Se cierra la sesión.

Se escucha ruido de manifestación. Gritos de auxilio y de reproche. Sirenas de policía. Lágrimas desangeladas y una casa desahuciada que aún tiene vida. Acto de barbarie ultrajante. Las fuerzas jurídicas y policiales no han permitido a la familia recoger todas sus pertenencias. Con las prisas y la presión, se han olvidado varios objetos, utensilios, recuerdos, juguetes...etc.

Rabia en off. — ¡Stop Desahucios! ¡Stop Desahucios! ¡Stop Desahucios! ¡Stop Desahucios!

Inocencia en off. — Mamá, se me ha quedado el bu-bu.

Reproche en off. — ¡Papá, me olvidé coger el discman! ¡Todo esto es por tu culpa!

Ternura en off. — No os preocupéis, les compraré uno nuevo.

Vergüenza en off. — ¡Dense prisa por favor!

En escena: Una casa, una cocina, un salón diáfano con las paredes de color rojo y al lado una terraza. Un baño pequeño y tres habitaciones. La habitación número uno, la más grande, está pintada de verde pistacho. La habitación número dos es alargada como si fuese un rectángulo y está pintada de color azul. La habitación número tres es la mediana y está pintada de color morado. Repartidos por toda la casa se hayan los objetos abandonados. Los olvidados. Los que no tuvieron no tiempo ni honra. Las pertenencias han quedado abandonadas a causa del desahucio de la familia. No había tiempo. Solo unas pocas horas. Horas que no se reflejaban en el reloj de pared porque no funcionaba. Sobre el fregadero de la cocina aún quedan las sobras del arroz pegao que se cenó la noche anterior y un tenedor con los dientes doblados, seguramente a causa de raspar la olla, o quizás del golpe que dio uno de los familiares al manifestar su rabia por no poder hacer nada. Unas manos manipula los objetos. Los observa, los toca… etc. ¿Es un niño de trece años viviendo el presente? ¿O es un joven de veintiséis años rememorando su pasado? Tengo mis dudas. Dudo.

INSTANTE #1: OLLA ESPECIAL
DEL COCOLÓN (*Arroz pegao*)

OLLA. — Cla-cla-cla-cla… (*Pausa.*) Tun. Tun. Tun, tun, tun. (*Eco.*) ¡¡¡Tun!!!

Unas manos levantan la OLLA *y le da la vuelta. De esta empiezan a caer las lágrimas de arroz que sobraron de la noche anterior y también el arroz quemado.*

OBJETO EN OFF. — Recuerdo la primera vez que mamá me enseñó a cocinar el arroz para que se hiciera con *cocolón*. Teníamos una olla especial para hacerlo. Yo tenía once años. Quería aprender a cocinar para que cuando mamá llegara de trabajar ya estuviera hecha la comida. Me quedó el arroz muy salado. En ese momento para sacarle provecho al desastre que había hecho le dije a mamá:

— La cura para todo es siempre algo hecho con agua salada: el sudor, las lágrimas o el mar.
Con catorce años volví a preparar arroz. Había conseguido hacer *cocolón*, pero me quedó muy salado.
— Mamá, estuve llorando la media hora de cocción del arroz y mis lágrimas cayeron a la olla. Me puse muy nervioso y empecé a

sudar por la frente. Las gotas seguían cayendo a la olla. ¿Me vas a castigar?

Silencio. Lágrima de arroz.

— Mami, *no hay mar que por bien no venga.*

OLLA.— Cha rra ca rra ca ca. Cha rra ca rra ca ca. Cha rra ca rra ca ca. ¡¡¡Tun!! ¡¡¡Tun!!
Cha rra ca rra ca ca. Cha rra ca rra ca ca.
Cha rra ca rra ca ca. ¡¡¡Tun!! ¡¡¡Tun!!
Ras… Ras… Ras… Ras… ¡¡¡Tan!!

La OLLA se queda boca abajo. Abundan las lágrimas de arroz quemado. El olor es desagradable. Tres golpes con la OLLA. Se dicta sentencia.

OBJETO EN OFF.— Dudo de sus derechos. ¿Dónde están sus derechos?

INSTANTE #2: RELOJ BLANCO DE PARED

Las manecillas no funcionan. Se han quedado congeladas a la hora 1:10. Igual de congelado está el ambiente y eso que es primavera. Las pilas están cargadas de esa corrosión blanquecina y verde. Las pilas están sulfatadas. El reloj era bonito, pero ya no sirve.

Como todo en la vida cuando te pudres en la miseria, eres inservible.

RELOJ. — ....

No suena nada. No dice nada.

OBJETO EN OFF. — Es extraño pensar que puedes llegar a ser abandonado de un día para otro. Pasas de serlo todo a no ser nada. Controló el tiempo como quiso y ahora es la duda quien lo controla. Se siente aire de ausencia que deja un vacío helado. Los rincones de la casa se hacen eco de que todo está casi vacío. Casi vacío. Solo quedan algunos. Los abandonados. Los sin derecho a tener tiempo para ser guardados en una caja. Los que quizás tampoco sirvan para más que coger polvo o aún peor, los que acabaran tirados en las puertas de un cubo de basura. Los «Sin tiempo y sin regreso». ¿Que hora es?

RELOJ. — ....

No hace nada. No quiere decir nada.
Las manos rompen el cristal que cubre el reloj. Quita las manecillas. El reloj ya no marca la hora. Es un paisaje blanco repleto de números ordenados.

OBJETO EN OFF. — ¿Qué hora es?

RELOJ. — ¿Importa la hora?

Silencio.

OBJETO EN OFF. — Dudo de sus derechos. ¿Dónde están sus derechos?

INSTANTE #3: UN CENICERO LLENO DE CIGARROS Y UN MECHERO

Algunas colillas están fumadas hasta las letras. Otras están a medio camino de su final. Solo un cigarro está completamente sin tocar.

CENICERO. — El suelo es lava.

MECHERO. — La llama no calienta.

COLILLA. — A mí ya me incineraron.

CIGARRILLO. — Yo aún puedo matar.

CENIZAS. — Fuuuuu. Fuuuuu. Fuuuuu.

Pausa. El ambiente es cálido.

CENICERO. — Se escuchan fantasmas.

MECHERO. — Aún me queda gas.

COLILLA. — Hasta las letras me han fumado.

CIGARRILLO. — Yo estaré a punto…

COLILLA. — A lo mejor te salvas.

CIGARRILLO. — Fumar mata.

CENIZAS. — Fuuuu. Fuuuu. Fuuuuu.

Silencio largo.

OBJETO EN OFF. — Papá ¿Tú sabias que mamá fuma a escondidas? Se esconde en las esquinas y da diez caladas en diez segundos. Y después parece una locomotora. Echa el humo por la boca y por la nariz. Lo hace cada noche antes de irse a dormir. Y después va a la nevera, arranca unas hojas de menta, se las frota en las manos y las mastica con la boca. No se come las hojas, las escupe. Y después se echa un poco de su perfume, *La vie est belle*. Y el olor del perfume con la menta combinan muy bien. *(Pausa.)* Papá, en la tele dicen que «fumar mata». ¿Mamá se va a morir?

Silencio.

CIGARRILLO. — Parece que me toca.

MECHERO. — Ya estoy listo. Aprieta.

CIGARRILLO. — A matar se ha dicho.

COLILLA. — Por fin te unes al grupo.

CENICERO. — Fuma feliz. Fuma contento. Pero sobre todo apunta dentro.

Pausa. Hace calor.

HUMO. — Snif. Snif. Snif. Shuuuuu. Shiuu. Fuuuu. Fuuuuu. Fuuuu.

Diez segundos. Diez caladas. Una manera de matar la ansiedad.

OBJETO EN OFF. — La duda desaparece. Ofende. Se esfuma.

INSTANTE #4: TENEDOR
CON DIENTES DOBLADOS

Se escucha el latido de un corazón de más lento a más rápido. También se escucha el sudor de una frente grande y él rascar de unos dedos sobre la cabeza. La acción transcurre lenta.

El TENEDOR *se eleva al pulso del sonido. Va avanzando poco a poco, realzando la figura de los dientes doblados. Dientes que son como puñales lanzados hacia el pecho. Puñales que cortan en seco y desgarran las vísceras de lo emotivo. De la rabia contenida. De años de lucha y cansancio. Una coraza de metal que se dobla cual hoja caída del árbol. Cual palabra verbalizada con miedo. Son dientes que quieren arrancarlo todo. La acción empieza a transcurrir más deprisa. El* TENEDOR *es golpeado contra una pared. Y ahí reposa. Como si fuese víctima del enfado de un humano que no ha sido capaz de defender su dignidad. Los dientes del* TENEDOR *han perforado el pladur y se ha formado una especie de polvillo que lo envuelve todo.*

TENEDOR.— Chirrin, rrin, rrin. Chirrin.

S.O.S.— Chirrin, rrin, rrin. Chirrin.

El TENEDOR *parece un balancín. Un colgador moderno.*

OBJETO EN OFF.— Triste el abandono y el sentimiento desangelado de encontrarte contigo mismo frente al reflejo intermitente de este tenedor. Dudo de mí mismo y de las mil promesas que han caído en el abismo. No tengo nada más que decir, señoría. Esto es todo. Dejaré que sean los objetos los que hablen. Tengo derecho a quedarme callado y llamar a mis desastres para que vengan a ayudarme. *(Pausa.)* ¿Tengo derecho? Lo dudo.

INSTANTE #5: UN BOTÓN ROJO SIN CAMISA Y UNA CAMISA NEGRA SIN BOTÓN

CAMISA.— Ayer había un botón de mi cuerpo que se quería suicidar. Hoy yace en el suelo. En la esquina de un suelo sucio. En la esquina donde se acumula la mierda. La basura. Pelos. Polvo. Más pelos.
¿Eres un botón pegado a una mierda o una mierda pegada a un botón? Sacúdete. Tienes arrugas. Sobre negro se ve más la mierda. Los ácaros. Los pelos de los gatos o los perros. La mancha de pintalabios. La caspa. Mucha caspa y muchas dudas. Venga. Levántate. Vuelve. Te echamos de menos.

Silencio. El BOTÓN *no se mueve. Se mueve la suciedad.*

CAMISA.— Vamos a dejarnos de tanto drama.

BOTÓN.— Me parece correcto.

CAMISA.— Empiezo a sentirme diferente. ¿Cómo se viven las cosas desde ahí abajo?

BOTÓN. — Al principio te echaba de menos. Ahora soy libre.

CAMISA. — Entiendo. Es mejor así, supongo. Ya no sentirás mi suave piel.

BOTÓN. — Y tampoco ese olor rancio a viejo de noventa años ¿qué me dices?

CAMISA. — Litros de perfume para ocultarlo.

BOTÓN. — Perfume *Como Tú* del Mercadona.

Pausa larga. Suspiro. Arrugas.

CAMISA. — Tengo las venas deshilachadas.

BOTÓN. — Córtatelas.

Silencio.

INSTANTE #6: EL CD VÍDEO DE LA COMUNIÓN DEL HIJO Y LAS MONEDAS DE COLECCIÓN DE OTROS PAISES

Seguramente el video fue una de las primeras cosas que la familia había guardado con gran valor sentimental, pero el hijo quería eliminar esa prueba de Fe a Cristo, por tanto la dejó tirada a posta en la casa. Las monedas están metidas en una cajita transparente que deja contemplar su brillo. ¿Quién diablos se dejaría olvidado algo de tanto valor? Se empieza a reproducir el vídeo y parece que se ha quedado pillado justo en el momento en el que el hijo está recibiendo la Hostia. Imagen en bucle.

CD DE COMUNIÓN.— Estoy rayado. Eh tú, estoy rayado. También estoy rallado. Literalmente. Mira mis rayas. Hostia en bucle. Hostia en bucle.

MONEDAS.— Clin. Clin. Clin. Clan. Clon. Clin. Clan. Clon. Clon. Clon. Rusia. Clon. Clan. Clin. Japón. Clon. Clan. Cuba. Clín. Clin. Rumania. Clan. Clan. Estados Unidos. Clan. Clan. Clan. Francia. Clan. Clan. Clan. China. Clin. Clin. Clin. Argentina. Clan. Clan. Clan. México. Clon. Clon. Clin. Canadá. Clan. Clan. Clan. Albania. Clin. Clin. Clin. Clin. Marruecos. Clon. Clon. Clon. Guinea. Clan. Clan. Clan. Mauritania. Clon. Clon. Clon. Clon. Filipinas. Clan. Clan. Clan. Etiopía. Clan. Clan. Clan. Clan. Ecuador. Ecuador. Ecuador. Ecuador. Clin. Clin. Clin. España.

OBJETO EN OFF.— ¿Próximo destino? *(Pausa.)* Un nuevo piso de alquiler que está repleto de dudas y abandono. No sé si es mejor que me dejasen abandonado. Al menos sé que alguien no me quería. Ya no tengo dudas. Han querido borrar un episodio de la vida. Está claro. *(Pausa.)* Dudo de la existencia de la justicia. Es una mierda.

INSTANTE #7: EL MUÑECO DE TRAPO BU-BU DE LA MÁS PEQUEÑA DE LA FAMILIA, EXTREMADAMENTE LLENO DE MOCOS

El BUBU tiene un solo ojo y muchas manchas en su cuerpo. Como si se tratase de una operación, unas manos intentan reconstruir el ojo con el botón que se había suicidado.

OBJETO EN OFF. — Los pollitos dicen
pío, pío, pío
cuando tienen hambre
cuando tienen frío.
La gallina busca
el maíz y el trigo
les da la comida
y les presta abrigo.
Bajo sus dos alas
acurrucaditos
duermen los pollitos
hasta el otro día.
Los chiquitos dicen

quiero, quiero, quiero
cuando tienen hambre
cuando tienen frío.
La mamá les busca
el maíz y el trigo
pero no hay comida
y tampoco abrigo.
Bajo sus dos brazos
acurrucaditos
lloran los chiquitos
hasta el otro día.

La mano ha terminado de coser el botón-ojo.
Le clava la aguja en el corazón.

INSTANTE #8: UN DISCMAN CON UN DISCO DE CANCIONES VARIADAS

La tapa está rota y está sujeta con un trozo de cinta. Una luz deja a la vista el reflejo y la sombra del resto de objetos abandonados. Las manos que han manipula los objetos ahora muestran un rostro. Unos oídos.
¿Es un niño de 13 años viviendo el presente?
¿O es un joven de 26 años rememorando su pasado? Tiene sus dudas. Duda.
Se coloca los audífonos. Le da al play mientras sostiene con una mano la tapa del discman.
Se escucha a través del discman la canción «Soledad» en la voz de Chavela Vargas.

OBJETOS EN OFF. — Objetos perdidos. Objetos encontrados por la duda. ¿Dónde están los derechos? Dudo de la existencia de una norma que proteja mis limitaciones. Dudo de mí mismo porque estoy desamparado en este juicio. No tengo ni oficio ni beneficio y, sin embargo,… te quiero. Quiero quitarme esta duda y volver al nido que fue cuna. Quiero y no quiero, y aun así, sigo dudando de mi existencia. Me he pasado media vida poniéndole sonido a mis palabras, pero ya nadie me oye.
Soy la luz más oscura entre toda esta galaxia de dudas.
Nadie me oye.
Dudo de mi existencia y quiero borrar esta escena.

Silencio.
Oscuro.

El arcón

Roberto Bezos

1

Un arcón de madera en el centro del escenario.

La voz (o las voces) en off.

— Estáis muy callados esta noche —dice uno de los dados del cubilete.

— Yo estoy encantada, este silencio es lo que mejor me viene para mi jaqueca —le contesta la muñeca Nancy descabezada.

— Es algo que no logro entender —apunta el pequeño dinosaurio de goma—, ¿cómo te puede molestar una cabeza que no tienes?

— Cierto, no la tengo, pero la siento —le explica—. Aún puedo recordar como si fuera ahora mismo los tremendos tirones cuando me peinaban la melena cada día con aquel cepillo fucsia de plástico con púas metálicas. A veces me hacían coletas o un moño, pero lo que más me gustaba era la trenza larga; cuando me la hacían ya no me peinaban más en una semana.

— ¿Eras rubia? —le pregunta el soldadito de plomo.

— No. Era castaña y tenía los ojos verdes. Y un montón de vestidos y complementos que me cambiaban casi cada día. Pero un día apareció una Barbie que sí era rubia y más alta que yo y se cansaron de mí. Fue entonces cuando perdí la cabeza y me dejaron desnuda en un rincón durante meses. Pasé mucho frío. Menos mal que aquella tarde me guardaron aquí adentro con vosotros, y ya no volví a temblar. Si no fuera por estas jaquecas…

— Sí, aquí se está muy bien. Estamos tan calentitos —asegura el ratón que se coló por un agujero y ha hecho su nido sobre un antiguo vestido de comunión de encajes color crema.

— Eso mismo pienso yo, calentitos y secos —confirma la pecera redonda sin pez.

— ¿A que no sabéis qué se solía decir —pregunta el tomo número VII de la Enciclopedia

Ilustrada Salvat— cuando dos personas piensan y dicen lo mismo a la vez? Que se salva un alma en el Purgatorio.

— Así es —afirma el cuadro del Sagrado Corazón de estaño con la mano en relieve.

— Otras veces —recuerda la hucha en forma de cabeza de vaca— el más rápido le daba un tremendo pellizco en el brazo al otro y a la misma vez le decía: tres marcas de leche. Hasta que no las dijera, no te soltaba. ¿Por qué se decía eso? Pues ni idea, pero todos lo hacían así.

— Yo alguna vez escuché otra versión —dice el teléfono de rueda azul turquesa, al que habían colocado un candado para restringir llamadas—. En el caso en el que los dos pronunciaran la misma palabra a la vez en una conversación, el más rápido decía «bis bis» o también «chispas» y tenías que decir su nombre completo para poder volver a hablar.

— Entonces, mejor nos callamos todos —concluye el tapete de ganchillo, tejido para poner el teléfono encima.

— Buena idea, ya está bien de cháchara —ordenan a coro las dos chapas de Starsky y

Hutch, que regalaban comprando la revista *Súper Pop*.

— Pero es que yo a veces me aburro —afirma el cubo de Rubik, que tiene cada cara de un color.

— Si quieres, puedes echar un vistazo a alguna de nuestras portadas —le sugiere una del fajo de revistas de *Tele Indiscreta* a cincuenta pesetas—, tenemos historias muy interesantes: «La espinosa vida de Espinete», «Falcon Crest y Dinastía, en la tele cada día» e incluso un póster desplegable de David Hasselhoff, de *El Coche Fantástico*.

— O también podemos cantar cri-cri todos a coro —dice la pequeña ranita de cobre con solapa metálica—, vaya unos conciertazos dábamos cuando se juntaban un grupo de niños con una de nosotras cada uno y se ponían a tocarnos todos a la vez.

— En algún sitio escuché —asegura el huevo de madera para zurcir calcetines— que os usaban los americanos en la Segunda Guerra Mundial y el desembarco de Normandía para comprobar cuando se encontraban con otros soldados… si no sonaba el cri-cri, sonaba el disparo.

— Pero ojo, que si te acercabas la rana al oído, te dejaba sordo —recuerda el molinillo de café.

— Pues no te digo nada, con mi pito superagudo —afirma el silbato de afilador de plástico, rojo por un lado y blanco por el otro—. Cuando se les rompía uno, no compraban otro nuevo en el kiosco hasta pasados unos meses para descansar los tímpanos.

— Por mi parte, os puedo proponer un fantástico viaje natural a través de mis páginas —ofrece el álbum *Vida y Color* casi completo dedicado a los maestros, a los padres y a la juventud de España—. Flores, protozoos, insectos, peces, batracios, reptiles, aves y mamíferos. También tengo un completo catálogo de estampas de anatomía humana (esqueletos, músculos y órganos internos) e incluso una colección de retratos de nativos de tribus africanas y oceánicas. Sólo me faltan tres cromos: el del globo ocular, la tortuga constelada y la princesa tutsi. Este último era el más difícil de conseguir.

— Yo lo que necesito es aire —protesta el balón de playa Nivea desinflado, al que habían tirado desde una avioneta—. Lo que daría por volver a volar y sentir la brisa del mar por fuera y por dentro.

— Fíjate que eso es justamente es lo que decían de mí, que mi sabor era tan intenso que era como respirar la primera hora de la mañana a la orilla del océano —asegura un chicle Cheiw de fresa ácida, abandonado en el fondo.

— Ah, las vacaciones en la costa —recuerda la cinta de cassette—. A mí, cada vez que se iban de viaje me grababan entera con sus canciones favoritas de la radio; menudos karaokes se organizaban en el coche durante el trayecto.

— Yo también era un indispensable —asegura el flotador ovalado de corcho de color amarillo chillón—, me ataban con una cuerda alrededor del tronco del niño pequeño antes de que corriera hacia el agua; pero le hacía unas rozaduras tremendas en la barriga, así que me sustituyeron pronto por unos manguitos de plástico hinchables.

— El único que no les gustaba era yo —confiesa el rollo de papel higiénico del Elefante sin estrenar de la casa de la playa de la abuela.

— Pues yo tengo la teoría —dice el chinohucha con asa del día del Domund— de que el día que dejaron de usarte, el ser humano se reblandeció y comenzó la decadencia de la sociedad contemporánea.

— Hablando de decadencia, aquí estoy yo —apunta el gramófono dorado—. Fui el regalo de boda más moderno e innovador de todos, el favorito. Llegaron a traer para mí un puñado de discos de pizarra de su luna de miel en París. ¿Os puedo poner alguno? Escuchad, esta era su canción preferida.

Suenan algunos compases de la canción Ca c'est Paris, *de Mistinguett.*

— Pero en poco tiempo —suspira— se inventaron los discos de vinilo y a mí me encerraron aquí. Fui el primero en llegar.

— Ahora que hablas de París —dice el juego de construcción Meccano Metaling—, recuerdo que con mis piezas construyeron en una ocasión una torre Eiffel grandiosa, tan imponente que la tuvieron colocada durante meses encima de la tapa de la máquina de coser Singer, cuando no se usaba.

— Qué suerte la tuya —asegura el juego de proyección Cinexin—. Yo fui un regalo de Reyes y al día siguiente dejé de funcionar, me rompieron la manivela al primer intento.

— Pues hay alguien a quien rompieron el corazón, que es mucho peor —confiesa el

117

cuaderno de espiral cuadriculado Enri de tapas duras—. Fijaros lo que escribieron en mi última página: «Adiós, Mariela; me dijiste cosas al principio que me creí y he descubierto que no son verdad. Adiós para siempre, de la persona que te ha querido como jamás te va a querer nadie». Y hay en una esquina un corazón dibujado con una flecha que lo atraviesa, una firma y una fecha.

— Cómo me gustan las historias de amor —suspira la máquina de escribir Olivetti Lettera—. Si yo os revelara todas las pasiones que han mecanografiado mis teclas… Pero no os lo voy a contar ahora, es secreto profesional.

Todos murmuran y protestan a la vez.

2

— Shhh, ¿os queréis callar de una vez? Silencio, por favor. ¿Oís? La carcoma se ha dormido, así que va a amanecer. Ya sabéis que era mi momento favorito cuando yo era un roble en el bosque, antes de que me convirtieran en arcón. Escuchad…

Todos escuchan en silencio.

— Las hojas de mis ramas se desperezan del rocío y en los nidos empieza la sinfonía de trinos. Nos sacude la brisa y, con nuestro suave murmullo, nos saludamos unos a otros y le damos la bienvenida a la mañana. El aire es bien limpio, es fresco. Un ejército de insectos suben y bajan afanosos a lo largo de mi tronco. Y esa luz, ese primer rayo de sol que empieza a pintar de oro la parte superior de mi copa...

Sonidos del bosque al amanecer. Poco a poco, se va iluminando el arcón con el sol de la mañana.

Final.

Quebranto

Samanta G. Marinkovic

En escena sólo vemos una sábana de tela blanca de gran tamaño.
La tela se eleva por sus dos extremos hasta quedar en posición vertical. Tras ella, se enciende una luz que hace que todo lo que cruce la escena, se convierta en sombra.
De un lado a otro del escenario cruza una rueda de carromato de gran tamaño. Suena el cabalgar de varios caballos.
A través de la tela apreciamos en forma de sombras los movimientos de la rueda que al principio son lentos y con un leve tambaleo y, después de haber cruzado dos veces la escena, va aumentando de velocidad hasta acabar con una embestida a tal velocidad contra la sábana que provoca que esta caiga el suelo.
Un ventilador fuera de escena hace bailar la tela como si esta ondeara con el viento que resuena fuerte entre el público. Sobre ella, se proyectan imágenes de hierba en movimiento.
La intensidad del aire cambia, comienza con una suave brisa que se va intensificando

hasta convertirse en un viento fuerte que hace que la sábana se mueva en espiral formando un remolino.
El aire para y la tela cae arrugada al suelo. Desde fuera de escena, varias voces de mujeres murmuran en canon una nana, las voces se entremezclan de tal manera que la canción se vuelve casi inteligible.

VOCES. — Duerme chaborró, duérmete ya, ya vienen los gadjós y tenemos que najar.

La nana se entremezcla con el sonido de unos pasos. Cada vez más. Cada vez más fuertes. Cada vez más rápidos. Las voces y los pasos se interrumpen de manera abrupta.
Aparecen en escena TRES INFANTES *que, entre risas y correteos, enrollan la tela sobre sí misma hasta hacerla parecer una cuerda con la que saltan a la comba. Canturrean, pero no se les entiende. Sonido de risas, de sus pies descalzos chocando contra el suelo en cada salto.*

VOZ. — *(Solemne. Firme y fuerte, pero sin gritar.)* Najamos.

Los INFANTES *dejan la tela extendida en el suelo y salen corriendo de escena cada uno en una dirección distinta.*

La luz se vuelve más tenue y en el centro de la escena, cae un chorro de sangre que tiñe de rojo el centro de la tela. El chorro pronto se convierte en un goteo que no cesa.

Se oye de nuevo el ruido de pasos acercándose. Cada vez más fuertes. Cada vez más rápido. Cuando el sonido es tan alto y ensordecedor que parece que todo un ejército va a entrar en escena, para de manera repentina. Se hace un oscuro e inmediatamente se oyen gritos de HOMBRES, MUJERES y NIÑOS/AS *durante más de medio minuto.*

Los gritos cesan y la luz vuelve.

En escena vemos la tela colgada de sus extremos superiores, frente al público. En el centro tiene una gran mancha roja, en la mitad superior se proyecta desde atrás el color azul del cielo, en la mitad inferior, hierba verde en movimiento. Todo lo que ocurre detrás se convierte en sombra.

Tras la tela, las FIGURAS DE HOMBRES, MUJERES y NIÑOS *que gritan al unísono.*

VOCES. — Sastipen thaj mestipen.

Suena Gelem – Gelem, durante toda la canción las figuras que componen las sombras se mantienen inmóviles.

Cuando acaba la canción, los HOMBRES, *las* MUJERES y *los/as* NIÑOS/AS *abandonan la escena en silencio.*

En escena sólo vemos la tela, teñida de azul en la mitad superior, verde en la inferior y, en el centro, una gran mancha roja.

Oscuro.

El olivo

Sara González Marín

Dramatis personae

La Una
La Otra
Coro De Manipuladoras De Objetos

Han de recrear a un grupo de prostitutas en un prostíbulo, un grupo de ancianas en un geriátrico de pueblo y un grupo de olivos en un campo abandonado, entre otros menesteres de creación colectiva.

Nota de la autora: La presente obra está escrita para ser representada como teatro de objetos, al estilo del teatro negro de Praga. Los personajes de esta obra están pensados para representarse con títeres de tamaño natural, a la semejanza del cuerpo humano, que normalmente son manejados por dos manipuladores, al estilo japonés del Bunraku. No obstante, la dirección y las intérpretes, en cada caso, elegirán libremente representarla como mejor les permita su imaginación y la producción a la que se atengan.

Un cartel con letras de neón en medio de un campo oscuro. El cartel lo mismo podría ser de un puticlub «abandonao[1]» que del geriátrico en desuso del pueblo. Está caído de un «lao» y medio «desvencijao» del otro, con algunas letras encendidas y otras apagadas: es realmente difícil saber si pone EL OLIVO o EL OLVIDO; Incluso, a veces, se lee intercaladamente EL LIO, porque el cartel es como el gato de Alicia en el país de las maravillas: aparece y desaparece, componiendo las letras y descomponiéndolas con una vida propia intermitente, fosforescente e irrisorio en lo oscuro de una cámara negra, al más puro estilo del teatro negro de Praga. Pero no estamos en Praga; son los campos de un pueblo «perdío» de la mano de Dios, de cuyo nombre «naide» quiere acordarse:

E-L ~~o~~-L- v -I- -d-O

Pasado un rato, el suficiente como para aburrirnos o darnos por vencidas como Alicia

---

[1] El texto completo iría en habla andaluza si las intérpretes fueran andaluzas; por ello se han dejado entrecomilladas palabras que la autora ha considerado significativas.

con el gato, llegan sorpresiva y aparatosamente al lugar dos pelandruscas «descarrilás». Son una pareja de inseparables: LA UNA y LA OTRA. Han de interpretarse masticando las palabras en un acento propio del pueblo oriundo que se elija, según de qué parte de la geografía rural hispano parlante sean las intérpretes. Son como el gordo y el flaco, el tonto y el listo, Quijote y Sancho, Zanni y Arlequino... y aunque unisex, se sugiere, por caridad, (¿¡por caridad!?) en femenino. LA UNA es joven y va a la moda, ligera de ropa y aflamencada. Es muy avispada y tiene la ciencia de la calle. Una calle pueblerina, eso sí. LA OTRA es una señora «funfurroñosa²» de pelo blanco, que parece haber nacido en un libro, podría haber sido maestra o bibliotecaria. Biblioteca de pueblo, eso también. Destiladas estas dos en unos orígenes de palo y trapo, como los de Polichinela, nos han de recordar la génesis del teatro «titirimundero», pero mezclada con una estética fluorescente ochentera, esa que está de moda ahorita mismo. A medida que ellas discuten acerca del cartel y del lugar en que están, la cámara negra se irá transformando, como en un sueño, en los espacios en que ellas dicen estar, transformando el campo en lo que ellas creen que es o ha sido, sin que lleguemos a distinguir lo real de lo imaginario, lo presente de lo futuro, ni quién de las dos tiene razón o si ambas están en lo cierto.

La Una. — Mira: El olivo.

La Otra. — Querrás decir: El olvido.

La Una. — El olivo.

La Otra. — El olvido, el olvido, te estás confundiendo.

La Una. — Te confundes tú, es el olivo, olivo: el árbol de la aceituna.

La Otra. — El olvido, eso que nos pasa cuando algo nos duele mucho: que no lo recordamos.

La Una. — Pues eso es un olivo, algo que ya nadie recuerda. Y eso, duele mucho.

La Otra. — El olvido está en los campos, no en la cabeza. Aquí, en los campos, ya no quedan olivos, son cosas de la cabeza.

La Una. — No te aclaras ni tú. Que no quedan olivos, eso lo dirás tú, que eres una «desterrá», una «desarraigá», y una cascarrabias estirada, pero ya te digo yo a ti que el olivo

---

[2] Licencia semántica que persigue la expresividad, mezclando las palabras: fanfarrona, roñosa y enfurruñona.

no es algo de la cabeza, sino de la tierra, ¡aunque nadie se acuerde!

LA OTRA.— Lo que nadie se acuerda se llama olvido, las cosas que no recuerdas son tus cosas olvidadas, no tus olivadas; no son árboles; son pensamientos, imágenes, ideas, sensaciones si quieres...

LA UNA.— ¿Y qué crees que es un olivo? Un olivo es eso: sensaciones... olor, sabor, lo puedes tocar, trepar ¡y tumbarte a su sombra!

LA OTRA.— Olvido, te digo que es olvido y no olivo lo que pone aquí. Un olvido es la falta de memoria, ¿entiendes? Cuando tu cabeza ya no anda bien. Tú no andas bien... se te olvidó leer o nunca lo aprendiste.

LA UNA.— Eso es, la cabeza no te anda bien, no tienes más que recuerdos, los recuerdos están cruzados, mezclados en el tiempo, para adelante y para atrás, como una enredadera, como el tronco del olivo que crece de a poquito a poco todo retorcido. Eso es lo que te pasa a ti, que no te acuerdas de nada y crees que lo sabes todo. Yo ando muy bien de mi azotea. Y leo muy bien lo que dice ahí: OLIVO.

LA OTRA.— Ese cartel está olvidado, roto,

echo un olvido: es un olvido en sí mismo, y por eso tú no lees bien lo que pone, pero pone lo que es: un olvido. Olvido.

La Una. — ¡Olivo, olivo, olivo! Te digo que ese sitio, además del cartel, tiene un olivo. Y por eso en el cartel pone eso: Olivo.

La Otra. — Y yo te digo que lo que tiene es el olvido, olvido, olvido. Que nadie se acuerda ya de este sitio, ¿entiendes?

La Una. — Pues eso, claro que entiendo, que nadie se acuerda de ese olivo. Es un olivo olvidado, un sitio de olivos del que nadie recuerda nada: Una olivarera olvidada.

La Otra. — ¡Una olvidadera, querrás decir! Aquí no hay más que desmemoria y resquebrajamiento, abandono.

La Una. — Sí, resquebrajada la tierra sí que está, y los troncos y las ramas, mucha falta de agua, todo muy dejado de la mano de dios. Aquí nadie ha echado un duro desde la peseta.

La Otra. — Una pena.

La Una. — Una pena.

La Otra. — Una pena muy grande, en eso sí que estamos de acuerdo.

La Una. — Sí, una pena; estamos de acuerdo en eso, sí. Es una pena muy grande.

Silencio. Las imágenes cesan: hay un silencio sonoro y visual, sólo vemos ahora la cámara negra, nada más. Una oscuridad impenetrable y repentina como la del olvido mismo. Cuando reanuden la conversación las imágenes ya no volverán a ser como antes, cambiará su color, su velocidad, su textura... como pasa con la muerte y la pena negra, que nos hace lentas y espesas.

La Otra. — «Aquí lo que huele es a muerta».

La Una. — Sí, huele a muerta, en eso también estamos de acuerdo, fíjate.

La Otra. — Una muerta de pena.

La Una. — Sí, una pena de muerte.

La Otra. — Eso es, una pena muerta de pena.

Silencio. Largo silencio. Cuando reanudan la conversación se empieza a oír como desde muy lejos una música de feria pueblerina, de rango abolengo. Las luces cambian y se vuelven

131

*discotequeras: colorines horteras que dan vuel-
tas. En cualquier momento podría aparecer
una cabra, un tío vivo, un coche loco o un
toro de fuego.*

La Una. — Esto lo que era un puticlub,
ahora que me doy cuenta. Un puticlub que
se llamaba *El olivo*. Por el olivo ese que que-
daba ahí. Y ahí sigue el olivo, aunque esté
en el olvido el puticlub. Aquí venían los del
pueblo, que me estoy acordando yo…

La Otra. — No, no, esto era un geriátrico. Un
geriátrico olvidado, como todos los geriátri-
cos. Y por eso pone en el cartel *El olvido*. Para
ver si a alguien le daba por pensar en la vejez
antes de llegar a ella, antes de que la propia
cabeza caiga en olvidos y desuso. Antes de
verte sola y vieja, deambulando sin rumbo,
como yo, buscando a mi vejez dónde caer-
me muerta.

La Una. — No, era un puticlub. Un puticlub
famoso del pueblo, que ahora está abandonado, como el olivar del pueblo y la olivarera, todo olvidado: el puticlub, el pueblo y el
olivar con la olivarera. Aquí vivían de las
aceitunas y algo pasó. Algo pasó que ya no
vivieron más de las aceitunas y ya no quedan ni las putas en el pueblo.

La Otra. — ¡Y dale con el olivo y el olivar y la olivarera! Aquí no hay resto ninguno de olivarera ni de puticlub, esto era un geriátrico, por eso huele a muerta y está en el olvido.

Un suceso inesperado y gigante, súbito, pero que se prolonga ad lib, atisba saliendo cual olivo gigante del fondo del escenario. Es como si el olvido mismo hablara. Podría tratarse de una especie de Anunciación. Tras un estupor, las «descarrilás» reanudan su absurda entelequia. Se sugiere que el suceso sea fruto de la creación colectiva, en detrimento de la imposición de la dirección y con todos los respetos a la misma.

La Una. — ¡No nos vamos a poner de acuerdo nunca!

La Otra. — No, nunca.

La Una. — Siempre en desacuerdo.

La Otra. — ¡Siempre!

La Una. — Has dicho nunca.

La Otra. — He dicho nunca y lo he dicho siempre.

La Una. — Así estamos siempre; que nunca

nos entendemos. ¡Ni siquiera te entiendes contigo misma!

La Otra. — Sí, eso es, en eso sí estamos de acuerdo.

La Una. — Sí, eso, en eso estamos de acuer-do. *(Pausa.)* ¿En qué?

La Otra. — En que esto huele a muerta, es una pena muy grande y estamos en el desacuerdo de siempre, por siempre jamás. Olvídalo. Y vámonos de aquí.

La Una. — Si, es verdad: una gran peste a muerta y abandono. Siempre llegamos al mismo sitio: ¿Olvidarlo? Yo no olvido nada, tú siempre parece que ganas, pero yo nunca olvido nada.

La Otra. — Yo no hablo de Ti ni de Mí, sino de este lugar.

La Una. — Y yo también: este lugar tuyo y mío.

La Otra. — Esto no es mío, ni tuyo, ni nues-tro. Ayúdame a salir de aquí, que eres más joven y tienes más fuerza.

La Una. — Ah, ¿no? ¿Y de quién es? No

podemos irnos ahora que lo hemos encontrado.

LA OTRA.— No es de nadie; del olvido. Ya te lo he dicho. ¡Te lo dije antes!

LA UNA.— Esto es un olivar, también yo te lo dije ya antes, y de alguien será.

LA OTRA.— De quien sea, se le ha olvidado que era suyo, ¡hace un lustro, por lo menos!

LA UNA.— Sí, el olivar está olvidado. Eso… también estoy de acuerdo. ¡Pero aquí estamos tú y yo, para recordarlo!

A partir de aquí la resolución se precipita a modo de finales acelerados de la Comedia del Arte, cuando había que casar a los enamorados o matar a todo el mundo. Se avecina el final y está muy claro; todo sucede rápidamente. Pero, en este caso, paradójicamente, no sucede nada.

LA OTRA.— Pues olvidémoslo nosotras también.

LA UNA.— ¿Que lo olvidemos?

LA OTRA.— Sí, sí, será lo mejor o terminaremos en una pelea mucho más grande, en un desacuerdo PELIGROSO. Mejor nos vamos de este sitio del olvido, y que caiga en el olvido definitivamente, antes de que nos trague a nosotras también.

LA UNA.— *(Llena de ironía dolida.)* Sí, eso es, vámonos antes de que sea tarde. Vamos a olvidarnos del olivo definitivamente, antes de que nosotras mismas seamos la vieja y la puta, olvidadas.

LA OTRA.— Vamos, vamos, vamos, ¡date prisa! *(No se mueve del lugar.)*

LA UNA.— Sí, sí, sí, sí, sí, ¡date prisa! *(Intenta tirar de ella, pero no puede moverla, se ha quedado atrapada bajo el cartel.)*

LA OTRA.— Vamos, vamos, vamos, salgamos de aquí. *(Por más que insiste, no puede ni dar un paso.)*

LA UNA.— Sí, sí, sí, sí, sí, sí: ¡salgamos de aquí! ¡Salgamos de aquí lo antes posible!

No se mueven. Todas las imágenes que hemos visto parecen ser tragadas por un agujero de gusano, una espiral fluorescente que las absorbe. Por último, como si fueran dos objetos más, a las dos pelandruscas se las traga la tierra. Sólo queda el cartel fluorescente, como al inicio, tintineando en su iluminación errática, con chasquidos de cortocircuito. Cuando nos aturdimos de esperar, como al inicio, sin que ocurra nada de nuevo, como Alicia en el país de las maravillas, no habrá oscuro final, ni aplauso: el público tendrá que decidir si aplaudir… o irse directamente.